KB218051

어둠 속을 걷는 법

LEARNING TO WALK IN THE DARK

어둠 속을 걷는 법

Learning to Walk
in the Dark

바바라 브라운 테일러 | 이지혜 옮김

포이에마
POIEMA

어둠 속을 걷는 법

바바라 브라운 테일러 지음 | 이지혜 옮김

1판 1쇄 인쇄 2015. 5. 14 | **1판 1쇄 발행** 2015. 5. 21 | **발행처** 포이에마 | **발행인** 김강유 | **책임 편집** 이은진 | **책임 디자인** 정지현 | **해외 저작권** 차진희, 박은화 | **제작** 김주용, 박상현 | **제작처** 미광원색, 서정바인텍, 금성엘엔에스 | **등록번호** 제300-2006-190호 | **등록일자** 2006. 10. 16 | 서울특별시 종로구 북촌로 63-3 우편번호 110-260 | 마케팅부 02)3668-3243, 편집부 02)730-8648, 팩시밀리 02)745-4827

값은 뒤표지에 있습니다. ISBN 979-11-5809-011-1 03230 | 독자의견 전화 02)730-8648 | 이메일 masterpiece@poiema.co.kr | 좋은 독자가 좋은 책을 만듭니다. | 포이에마는 독자 여러분의 의견에 항상 귀를 기울이고 있습니다.

이 도서의 국립중앙도서관 출판시도서목록(CIP)은 서지정보유통지원시스템 홈페이지(http://seoji.nl.go.kr)와 국가자료공동목록시스템(http://www.nl.go.kr/kolisnet)에서 이용하실 수 있습니다. (CIP제어번호: CIP2015013250)

사람들은 침묵과 어둠을 피해 달아나려는 경향이 있다.

우리는 도시의 벽 뒤에 쪼그리고 앉아 우상을 새겨 만들고,

그 앞에서 굽실거리고, 제대로 관복을 갖추고서만 경내에 들어가려 한다.

우리가 성전에 있으면, 광야에서 울부짖는 소리는 누가 들을 것인가?

갈대가 바람에 흔들리는 소리는 누가 듣는단 말인가?

챗 레이모, 《밤의 영혼 The Soul of the Night》

차 례

Learning to Walk
in the Dark

어둠 속의 보물

네게 흑암 중의 보화와 은밀한 곳에 숨은 재물을 주어 네 이름을 부르는 자가
나 여호와 이스라엘의 하나님인 줄을 네가 알게 하리라.

사 45:3

어머니는 저녁 무렵이면 부엌 창밖으로 해가 지는 모습을 보면서
"날이 어두우니 이제 그만 들어오렴" 하고 말씀하시곤 했다. 캔자스,
오하이오, 앨라배마, 조지아 어디에 살든 마찬가지였다. 어디서든 어
김없이 찾아오는 어둠에, 어머니는 저녁이 되면 아이들이 집 안으로
들어오길 바랐다. 물론 어머니 입장에서 그것은 희생이 필요한 일이었
다. 조용하던 집안이 작은 여자아이 셋이서 내는 시끄러운 소리로 가

득 찼지만, 그래도 어머니는 우리를 불러들였다. 매미가 하루를 접고 박쥐가 날기 시작할 때까지 낮에는 밖에서 실컷 놀게 두었고, 밤이면 나쁜 일이 생기지 않도록 우리를 집 안으로 불러들였다. 그렇게 어머니는 밤낮없이 우리를 사랑했다.

어둠이 무서운 것은 중력의 법칙과 비슷하다. 아무도 그 이유를 정확히 설명하진 못해도, 어둠이 무섭다는 데는 다들 동의했다. 어둠이 내리면 아이들은 당연한 듯이 집으로 돌아갔다. 현관에 불을 켜고 커튼을 치고 문을 걸어 잠그면 집 안은 조명 전시장으로 변했다. 부엌 천장에는 원형 형광등, 오븐 후드에는 40와트 전구, 식탁 위 샹들리에에는 촛불 모양의 25와트 전구, 거실 등에는 60와트 전구가 빛을 내고, 텔레비전 화면에서도 빛이 흘러나왔다. 이런 집에서라면 못할 일이 없었다. 밤중에 일어나 화장실 갈 때도 콘센트에 꽂힌 작은 조명등이 활주로등처럼 길을 일러주었다.

이 불빛들이 필요 없다고 생각해본 적은 한 번도 없었다. 집 밖보다 집 안의 어둠이 더 위험하다고 느꼈기 때문이다. 부모님이 잘 자라고 인사하고 방의 불을 끄고 나가면, 이불 속에 누워 창밖에서 들어오는 희미한 불빛에 눈이 적응하는 짧은 순간이 그렇게 행복할 수 없었다. 침대에 눕자마자 바로 잠드는 아이였다면, 그런 만족감에 설핏 잠이 들었을지도 모른다. 하지만 나는 그런 아이가 아니었다. 발소리가 멀어지면서 두 분의 체취가 사라지면, 내가 부모님의 사정권에서 벗어난 것을 느끼면, 내가 잠들었다 생각하고 부모님이 다른 일에 몰두하는 게 확실해지면, 내 방에 풀려난 자유로운 어둠은 옷장과 침대 밑으로 모여들기 시작했다. 자석 같은 어둠의 응집력이 어찌나 센지 그런 생각을 쉽사리 떨쳐버릴 수 없었다.

아직 어린데다 상담을 받은 적도 없던 나는 인간의 내면에도 어둠이 깊이 자리 잡고 있다는 사실이나, 내게 어둠의 지배력을 조절할 힘이 있다는 사실을 알 길이 없었다. 어둠과 대화하는 법이나 어둠에 생명을 불어넣는 법을 가르쳐준 사람도 없었다. 어둠과 친구가 된다는 건 말도 안 되는 생각이었다. 어둠이 무서울 때 내가 배운 유일한 대처법은 불을 켜고 소리를 질러 도움을 청하는 것이었다. 부모님이 내 방으로 와서 뭐가 무섭냐고 물어볼 때조차도 두 분은 내 대답을 액면 그대로 받아들였다. 부모님은 무릎을 꿇고 침대 밑을 확인하면서 "침대 밑에 괴물 같은 건 없어" 하고 나를 안심시켰고, "옷장에도 마녀는 없단다" 하며 옷장 문을 열어 보였다. 부모님은 다시 불을 끄고 방을 나서며 과학적 증거가 도움이라도 될 것처럼 그렇게 말씀하시곤 했다.

설령 괴물 눈이 무슨 색인지, 마녀가 무슨 짓을 하려 했는지 부모님이 물었더라도, 고작 다섯 살이었던 내가 뭐라고 대답했을지 모르겠다. 그래도 만약 부모님이 그렇게 물었다면, 나는 내 안의 어둠이 무엇을 권하는지에 좀 더 호기심을 가졌을지도 모른다. 고개를 돌려버리는 대신 더 자세히 관찰하는 법을 배웠을지도 모른다. 하지만 부모님이나 나나 특효약을 바라기는 마찬가지였다. 부모님은 나를 얼른 달래고 거실에서 하던 일을 마저 하고 싶었을 테고, 나는 두려움이 빨리 사라지기를 바랐다. 양쪽 모두를 만족시킬 해법으로 어둠을 몰아내기로 합의했고, 그렇게 내 방에는 밤새도록 불이 켜져 있었다.

내 어린 시절 이야기가 인류 역사에 어느 정도 부합하는지는 인류학자에게 물어야 할 것이다. 하지만 요즘 세상을 보면, 어둠을 없애는 것이 인류의 주요 현안임은 분명하다. 단지 물리적 어둠뿐 아니라 심리적·정서적·관계적·영적 어둠을 포함하는 형이상학적 어둠까지 말이다. '어둠'이란 뭘까? 괴물의 눈 색깔에 따라 어둠의 정의는 달라진다. 대부분의 사람들은 자신이 말하는 어둠이 무엇인지도 잘 모른 채 그저 멀리하고 싶어 한다. 어둠 하면 떠오르는 것은 한두 가지가 아니다. 밤, 악몽, 유령, 무덤, 동굴, 박쥐, 흡혈귀, 죽음, 마귀, 악, 범죄, 위험, 의심, 절망, 상실, 두려움. 그중에서도 두려움이 가장 크기는 하다. 두려운 것을 두려워하지 않는 사람은 거의 없지만, 사람마다 두려워하는 대상은 각기 다르다. 어둠은 달라붙는 성질이 있어서 그림자처럼 어둠도 그 본체에 꼭 들어맞는다. 어둠은 자석처럼 주변에 있는 모든 것, 조금이라도 어두운 기미가 있는 것은 모두 빨아들인다.

이 책을 계속 읽다 보면 어둠이 어떤 의미인지 많이 알게 될 것이다. 지금은 그저, 전혀 원치 않지만 나를 두렵게 만드는 모든 것의 약칭이라고 이해하는 정도로 족하다. 무언가를 두려워하는 이유는 그것을 이

겨낼 자원이 없거나 그 자원을 찾아내기 원치 않아서다. 그중에는 하나님의 부재에 대한 두려움, 치매에 대한 두려움, 아끼고 사랑하는 사람들의 죽음에 대한 두려움도 있다. 극지방의 빙산이 녹아내리는 것도, 자녀들이 고통당하는 것도 두렵다. "죽는 건 어떤 느낌일까?"처럼 끊임없이 나를 괴롭히는 질문도 두렵다. 내 방식대로 할 수만 있다면, 만성 요통부터 마귀에 이르기까지, 내 인생은 물론이고 사랑하는 사람들의 인생에서 두려움이란 두려움은 모조리 없애버리고 싶다. 계속 켜놓을 수 있는 적당한 야간등을 찾을 수만 있다면 말이다.

생각이야 그렇지만, 인생을 살다 보면 아무리 애를 쓰고 몸부림쳐도 빛은 사라지고 다리를 후들거리게 만드는 어둠 속에 갇히는 때가 있게 마련이다. 하지만 그래도 나는 죽지 않았다는 사실, 그것이 핵심이다. 괴물이 나를 침대에서 끌어내려 자기들 소굴로 데려가는 일도, 마녀가 나를 박쥐로 둔갑시키는 일도 일어나지 않았다. 오히려 나는 빛 가운데서는 절대 배우지 못했을 것들을 어둠에서 배웠다. 번번이 내 인생을 살리는 교훈을 어둠에서 배웠다. 그러니 결론은 하나다. 나에게는 빛만큼이나 어둠이 필요했다.

문제는 내게 그 사실을 가르쳐줄 사람이 거의 없었다는 것이다. 〈뉴욕 타임스〉 베스트셀러 목록에 오른 처세서들은 다양한 종류의 어둠을 피하는 방법을 주제로 다룬다. 행복하게 사는 법이나 직장에서 적수를 제압하는 법, 좋은 음식을 골라 먹으며 젊게 사는 비결을 알려주는 책은 많다. 책을 별로 좋아하지 않는 사람이라면, 라디오나 텔레비전, 인터넷에도 어둠을 멀리하거나 잠시 잊을 수 있는 각종 전략이 넘쳐난다. 많은 사람이 들고 다니는 핸드폰에도 손전등 기능이 있어서 언제 어둠이 덮쳐도 문제없을 정도다. 그러니 굳이 텔레비전 뉴스 대신 해지는 모습을 볼 필요가 있겠는가? 핸드폰 게임 몇 판 하다 보면 금세 잠들 텐데, 굳이 눈을 말똥말똥 뜨고 누워 있을 이유가 있을까?

이 문제와 관련해 교회에 도움을 청하고도 싶었지만, 성도 대다수는 지금 당장 빛을 밝히는 데 정신을 쏟느라 어둠과 친구가 되는 법을 이야기하는 것은 원하지 않는다. 더군다나 기독교는 어둠을 좋게 이야기한 적이 없다. 그리스도인들은 초창기부터 '어둠'이란 단어를 죄, 무지, 영적 무분별, 죽음과 동의어로 사용했다. 오늘날에도 어느 교회를 가든지 어둠을 그렇게 취급하는 말을 쉽게 들을 수 있다. "오, 주님, 우리를 어둠의 세력에서 구하소서. 성령의 빛을 우리 마음에 비춰주시고, 위험한 밤으로부터 우리를 보호하소서."

며칠씩 전기가 끊기는 일이 다반사인 농장에 살다 보니 이 말이 더 실감 난다. 기온이 영하로 떨어진 밤, 얼음 무게를 이기지 못한 나뭇가지들이 쿵 하고 땅으로 떨어지면, 위험한 밤으로부터 지켜달라는 기도가 절로 나온다. 날은 어두워지고 들판에서 나타난 코요테가 늙고 힘없는 당신 집 개를 노릴 때면, 밤이 위험하다는 말이 더 이상 이론이 아니라 현실로 다가온다. 그래서 나는 전기가 발명되기 이전의 사람들이 어둠의 세력에 민감할 수밖에 없었던 것을 십분 이해한다. 손전등 하나 없이 하루 열네 시간 넘게 캄캄한 어둠 속에서 지내야 했던 그들은 하나님의 구원을 빛나는 아침 햇살로 묘사하곤 했다.

하지만 이런 표현은 신학적 차원에서 온갖 문제를 양산한다. 빛과 어둠을 대치시켜 매일을 둘로 쪼개놓는다. 하나님은 빛과 동일시하고 나머지 어두운 부분은 당신이 혼자 알아서 처리해야 하는 식으로, 해로운 내용은 몽땅 어두운 부분으로 몰아넣는다. 이런 구분은 유색 인종이나 시각장애인에 대해 편견을 갖게 하기도 한다. 무엇보다 나쁜 건, 위협이 되거나 겁이 나는 것은 무엇이든 일단 집어넣어 둘 큼지막한 벽장을 사람들에게 제공한다는 점이다. 그리고 벽장 속에 넣어둔 것들을 의식하지 않고 외면할 수 있는 타당한 이유까지 제공해준다. "하나님은 빛이시라. 그에게는 어둠이 조금도 없으시다"(요일 1:5).

이런 가르침을 액면 그대로 받아들이면, 어둠의 존재를 아예 부인하거나 충분한 관심을 두지 않는 영성을 갖게 될 수도 있다. 이런 영성을 '전적 태양 영성full solar spirituality'이라 명명할 수 있지 않을까. 24시간 내내 빛의 하나님에게만 집중하면서 믿음의 밝은 면만 흡수하고 받아들이려는 영성이니 말이다. 하나님의 임재, 믿음의 확실성, 만사를 하나님이 인도하심, 확실한 기도 응답 등 신앙이 주는 유익을 강조하는 교회라면 대개 '전적 태양 교회'라고 보면 된다. 교인들은 긍정적 태도와 확신, 도움이 되는 관계, 흔들리지 않는 믿음을 붙들려고 힘쓴다. 이 정도면 지상 천국 아닌가? 1년 365일 24시간 내내 하나님의 빛 가운데 머물고 싶지 않은 사람이 누가 있겠는가?

하지만 이런 공동체에 있어본 사람은 삶에 어둠이 드리웠을 때 문제가 생기는 경험을 했을 것이다. 이런 일은 언제든 우리를 찾아오게 마련이다. 실직하거나, 결혼 생활이 엉망이 되거나, 자녀가 관심을 끌려고 엇나가기도 한다. 해결해보려고 열심히 기도하지만 응답은 오지 않고, 그동안 배운 성경 말씀이 의심되기 시작한다. 전적 태양 교회에서 이런 이야기를 꺼내면 처음에는 들어주는 사람이 있겠지만, 몇 번 반복하다 보면 하나님은 우리가 감당하기 힘든 시험은 주시지 않는다는 대답을 듣게 될 것이다. 믿음만 잃지 않으면 된다는 것이다. 그런데도 당신이 알아듣지 못하면, 얼마 못 가 이 어둠은 다 당신의 믿음이 부족한 탓이라는 말을 듣게 될 것이다.

나도 이런 이야기를 몇 번 들었다. 그리 나쁜 말이라고는 생각하지 않는다. 이런 말을 하는 사람들은 진심으로 나를 걱정하면서 자기가 줄 수 있는 최선의 답을 준 것뿐이다. 태양 영성을 가진 그들은 어둠 속에서 사용할 수 있는 기술을 별로 습득하지 못했는데, 내가 그들의 자원을 다 써버린 것이다. 어둠에 취약한 그들이 어둠 속에 들어가면 믿음이 위태로워질 수밖에 없다. 그래서 간신히 목소리만 들을 수 있는 곳에 멀찍이 떨어져서 나더러 빛으로 돌아오라고 외치는 정도가 그들이 할 수 있는 최선이다.

돌아갈 수만 있다면 그러고 싶었다. 그들의 세계관과 세상을 안전하게 항해할 수 있는 능력을 공유할 수 있다면 뭐든지 내놓을 수 있을 것만 같은 날도 있지만, 태양 영성이라는 은사는 내 것이 아닌 것 같다. 오히려 나는 달의 영성이라는 은사를 받은 것 같다. 달의 영성에서는 계절에 따라 하나님의 빛이 차기도 하고 이지러지기도 한다. 밤에 밖으로 나가 하늘을 보면 달 모양이 항상 같지 않다. 달이 둥글고 전조등처럼 밝은 밤이 있는가 하면, 우리 집 창고에 걸린 낫보다 더 가늘어 보이는 밤도 있다. 하늘 높이 달이 떠 있는 밤도 있고, 산자락에 낮게 걸려 있는 밤도 있다. 아예 달이 보이지 않는 밤도 있다. 그런 밤이면 달이 사라진 자리에 수많은 별이 평소보다 밝게 빛난다. 날마다 똑같은 모습인 태양보다는 변화하는 달이야말로 내 영혼을 제대로 보여주는 거울 역할을 한다.

이런 영혼의 부침이 내가 잘못되었다는 뜻은 아니라고 생각하면서부터 커다란 호기심이 생겼다. 이렇게 오르락내리락하는 리듬을 거스르지 않고 순리라 믿는다면, 하나님과의 관계가 어떻게 달라질까? 반사적으로 빛을 좇는 동안 나는 무엇을 두려워하고 또 무엇을 놓치고 있었을까? 믿음이라는 미명 아래 모든 문을 걸어 닫지 않고 오히려 어둠을 탐색해볼 만큼 내게 충분한 믿음이 있었을까? 어둠 속을 걷는 법을 배웠다면 나를 위해 얼마나 더 많은 것을 비축해둘 수 있었을까? 이 질문에 답을 구하는 과정에서 내가 보고 찾은 것을 기록한 것이 바로 이 책이다. 그래서 지침서라기보다는 일기에 가깝다. 독자들의 참여는 얼마든지 환영이다. 특히나 자신의 영혼에서 달의 주기 같은 밝기의 변화를 발견한 사람이라면 말이다.

나를 잘 모르는 독자들을 위해 몇 가지만 먼저 이야기하자면, 나는 성공회에서 신부로 반평생을 보냈다. 30대 초반에 안수를 받고 쉰 살 가까이 되도록 두어 교회에서 섬기다가, 여러 이유로 사역을 그만두었다. 섬기던 기관에 대한 신뢰를 잃어버린 것도 한 가지 이유였다. 그 일을 책으로 쓰다가 교회와의 사랑싸움에서 내가 원인을 제공한 부분을 발견하기도 했다. 약간의 강박 장애가 있는 내향적인 낭만파는 훌륭한 목회자가 되기 어렵다는 정도만 말해두련다. 그리고 사역하느라 정신없이 바쁠 때는 분명히 다가오지 않았던, 내가 속한 기독교 전통에 대한 몇 가지 사실도 발견했다.

그중 대표적인 것이 선과 악, 교회와 세상, 영과 육, 성과 속, 빛과 어둠 등으로 나누는 기독교의 이분법적 가르침이다. 굳이 그리스도인이 아니라도 둘 중에 어느 쪽이 '고상'하고 '저급'한지는 쉽게 알아차릴 것이다. 어느 경우든 한쪽은 하나님과 가까이 놓고, 나머지 한쪽은 하나님과 멀찍이 놓아서 반대말이 성립한다. 이분법은 이런 구분이 정말로 무슨 의미가 있는지 크게 고민하고 싶지 않은 사람들의 삶을 단순하게 만들어줄 뿐 아니라, 그들에게 날마다 싸워야 할 싸움을 던져주어서 강력한 목적의식을 제공한다. 물론 육의 세상을 이길수록 좋다.

어둠의 세력을 많이 물리칠수록 하나님께 가까이 갈 수 있다. 이 싸움의 궁극적인 목적은 땅에 속한 것들이 모두 사라진, 빛나는 천국에서 하나님과 영원히 사는 것이다.

오랜 시간 이런 이분법적 언어로 기도하고 가르치고 설교하고 성만찬을 하면서, 비단 그 단어뿐 아니라 그 단어가 나타내는 실재에 대해서도 염증이 났다. 실로 억장이 무너지는 슬픔이요 막대한 손해였다. 처음에는 이분법적 언어가 내 안팎에서 벌어지고 있는 줄다리기를 설명하는 것 같아서 안도감을 느꼈다. 왜 그렇게 본모습을 드러내는 걸 불편해했을까? 왜 잘못인 줄 아는 일을 저질렀을까? 어렸을 때는 내게 무슨 잘못이 있는가 싶어, 이런 질문들 때문에 잠을 이루지 못하는 날도 있었다. 그러다 기독교의 가르침을 통해 영과 육의 근본적인 싸움에 휘말려 있다는 해답을 얻었을 때에는 승리 전략도 함께 손에 넣은 기분이었다. 예수님을 따르기로 헌신하면 언제든지 무슨 일이든지 나를 도와주실 것이라고, 그래서 어둠에서 벗어나 빛 가운데서 주님과 살 수 있게 될 것이라고 생각했다.

물론 시간이 흐르고 믿음이 성숙하면서 표현은 조금씩 발전했지만, 근본적인 세계관은 변하지 않았다. 내가 아는 그 어떤 교회보다 선한 창조 세계를 보여주는 교회를 찾은 후에도, 주일예배는 몸의 죽음으로 영생을 얻는 보혈의 희생 제사를 중심으로 돌아갔다. 안수를 받고 몸 담았던 교회의 성도들은 이 땅과 교회와 성령을 선물로 주신 하나님께 감사하는 아름다운 기도를 드렸지만, 동시에 세상과 육신과 마귀로부터 우리를 구해달라고 간구했다. 이런 이분법적 언어는 성경에 나오는 표현과 상당 부분 맞아떨어졌기에 사람들은 무리 없이 받아들였고, 내게 그랬듯이 다른 사람들에게도 효과가 있는 듯했다.

나중에 사역을 그만두고 나서야 비로소 이런 말에 설득력이 부족하다고 느끼기 시작했다. 내 문제를 설명해주던 말이 더 이상 안도감을 주지 못하고 끊임없이 상처를 만드는 원인이 되었다. 하나님의 실재를 묘사하는 말이 힘 있는 계시로 다가오지 않고 정밀 검토가 필요한 가설로 들렸다. 교회에서 이런 표현을 반복하다 보면 그것이 어떻게 사람들을 둘로 나누는지는 간과한 채 우리에게 두 마음, 두 본성, 두 종류의 충성심, 두 본향이 있지만 그중 하나만 하나님께 속한 것이라고 가르칠 수도 있다. 이런 가르침이 지나치면, 사람을 미치게 만들 수도 있겠다 싶었다.

그래서 이 책을 쓰기로 했다. 이 책에서는 산책하고, 나무에 주의를 기울이고, 빨랫줄에 빨래를 널고, 하나님을 엿보는 작은 구멍처럼 사람들을 대하는 법 등 평범한 육신의 삶에 뿌리내린 영성 훈련에 초점을 맞출 것이다. 이런 방법을 통해 나는 믿음의 사람들은 자신의 평범한 육신의 삶이 특별히 거룩하다는 생각에 별 감흥을 받지 못한다는 사실을 깨달았다. 그들에게 감사 편지를 받으려면, 그들이 원래 알고 있는 내용을 글로 확실히 표현하면 된다. 이를테면, 삶이 선 아니면 악,

영 아니면 육 하는 식으로 쉽게 나뉘지 않는다는 이야기, 그들에게 일어난 최고의 사건 중에는 가장 어두운 곳에서 일어난 일도 있다는 이야기, 환한 교회에서 최악의 사건이 일어날 수도 있다는 이야기, 육신은 큰 고통의 원인인 동시에 큰 쾌락의 원인이라는 이야기, 이 세상은 상하고 깨진 곳이지만 동시에 놀라운 곳이기도 하다는 이야기, 현실을 양분하고 저급한 한쪽을 포기하라고 요구하는 구원을 받아들이는 데 어려움을 겪었다는 이야기를 하면 된다.

이 책은 저급한 반쪽을 지칭하는 단어, 즉 세상, 육체, 어둠을 다룬 삼부작 중 세 번째 책이다. 이 단어들은 오랫동안 가치를 인정받지 못하고, 그 안에 담긴 생명을 잘못된 근거로 거부당했다. 영적 실재를 둘로 나눌 수 있다는 가르침에 진실이 있다면, 그 진실이란 다름 아닌 이 한 쌍이 서로 반대되는 것이 아니라 균형을 이룬다는 점이리라. 어둠이 없다면 빛이 무슨 소용일까? 육체를 모르고서 어떻게 영혼을 알 수 있을까? 완전히 선하거나 악한 사람이 과연 있을까? 세상 밖에 존재하는 교회가 가능하기나 할까? 단순히 말하는 방식을 바꾸는 것만 생각해도, 삶의 온전함에 헌신한 믿음의 사람들이 할 일이 산적해 있다.

이 책 제목은《어둠 속을 걷는 법*Learning to Walk in the Dark*》이다. 당장 활용할 수 있는 영성 기술이라고 믿기에 붙인 제목이다. 앞서 언급했듯이 '어둠' 하면 저마다 다른 것을 떠올리게 마련이다. 예를 들어, 나는 만성 질환자나 난민 캠프에서 아이를 키우는 부모의 심정을 잘 모른다. 두 눈도 멀쩡하고 성적으로 학대를 받은 경험도 없다. 내가 겪은 물리적인 어둠이라고 해봐야 고작 어두운 곳에서 책을 읽는 수준을 크게 벗어나지 않는다. 오히려 내 전문 분야는 영적 어둠이다. 알지 못하는 것에 대한 두려움, 하나님의 부재에 익숙해지는 것, 사회적 통념에 대한 불신, 종교에서 말하는 평안에 대한 의심, 하나님을 설명하기에는 한없이 모자란 언어의 한계를 잘 알면서도 수많은 수식어의 도움 없이는 하나님을 이야기하지 못하는 무능에 대한 부끄러움, 자신의 영적 상태에 대한 의심, 이런 거리낌조차 없는 사람들을 향한 경멸을 노골적으로 드러내는 것, 이런 것들이 내가 잘 아는 분야다.

이 중에 하나라도 익숙한 독자가 있다면, 어둠 속을 걷는 법을 배워 유익을 얻을 수 있을 것이다. 청년이라면, 부모가 물려준 습관적 신앙 대신 깊은 믿음이 필요한 이도 있겠고, 좀 더 예리하고 날카로운 목적의식이 필요한 이도 있겠다. 어떤 이는 가만히 앉아서 남의 훈수를 듣는 것보다 더 많은 대가를 요구하는 뭔가를 원할지도 모른다. 뭔가 다른 세상이 있는 것 같은데, 도대체 그게 무얼까 고민하고 있을 수도 있겠다. 그렇다면 이제 어둠 속을 걸을 시간이 되었는지도 모른다.

중년이라면, 삶의 무게에 눌려 하나님이 주신 꿈을 제대로 펼치지 못한 이도 있겠고, 열심히 문을 두드렸지만 열리지 않은 이도 있을 것이다. 떡을 달라 했는데 돌을 받은 사람도 있을 것이다. 한때는 전부였던 일이 이제 더는 의미가 없고, 한때는 삶의 이유였던 관계가 변하거나 끝나버렸을 수도 있다. 직업, 관계, 신앙에 이르기까지 모든 것이 변화의 시간을 맞았다. 하지만 무엇을 어떻게 해야 하는지, 변화에 필요한 지혜는 어디서 얻을 수 있는지, 주말 세미나 한 번으로 답을 얻기엔 턱도 없다. 그렇다면 이제 어둠 속을 걸을 시간이 되었는지도 모른다.

노년의 독자라면, 과거 어느 때보다 많은 것이 사라지는 경험을 하고 있을 것이다. 비단 열쇠나 꿈을 잃어버리는 것뿐 아니라 인생 목표나 자아상 같은 것마저 잃어버렸을지 모른다. 장례식에 참석하는 횟수가 점점 늘고, 동문 소식지를 받을 때마다 동기들 소식은 점점 위쪽으로 올라가고 분량도 줄어든다. 이런 변화의 끝이 어딘지 잘 알지만, 아직 준비는 덜 된 것 같다. 그러면 어떻게 준비를 해야 할까? 그곳에 들어가기 전에 마쳐야 할 일은 무엇일까? 이런 질문을 던지고 있다면, 이제는 확실히 어둠 속을 걸을 시간이 되었다.

나는 반평생을 교회에서 보냈다. 그래서 많은 교인이 작금의 어두운 현실을 어떻게 생각하는지 잘 안다. 교인 수는 줄고 빚만 늘다 보니 작은 교회는 줄줄이 문을 닫거나 건물을 팔려고 내놓는다. 신령한 에너지는 죄다 남반구로 이동하고, 북반구의 기존 신자들은 태양 효과의 부작용을 떠안고 있다. 어둠 속을 걷는 법은 이런 때에 더 빛을 발하는 기술이다. 아니, '어둠 속을 걷는 법을 다시 기억해내는 방법'이라고 하는 것이 더 적절한 표현이겠다. 믿음의 사람들은 광야에서 긴 밤을 지내는 지혜를 이미 가지고 있기 때문이다. 목적지에 도달하기만 하면 영광의 날이 시작된다는 사실을 잠시 잊었을 뿐이다.

굽은 다리를 펴거나 감정이 돌아오기를 기다릴 때처럼, 기억을 되살리려면 시간이 걸린다. 목적지에 도달하고픈 마음이 아무리 간절해도 서둘러서는 안 된다. 어둠 속을 걷는 법 1단계는 만사를 통제하려는 욕심부터 내려놓는 것이다. 2단계로는 포기 각서에 서명을 하고, 엄두가 나지 않는 일에도 부딪혀보아야 한다. 마지막 3단계로, 당신이 알아야 할 것을 가르쳐달라고 어둠에게 부탁해야 한다. 이전에 한 번도 영적 지도자가 없었던 사람이라면, 시작부터 거의 최고의 지도자를 얻은 셈이다. 어둠을 인도자로 삼으면, 머지않아 당신만큼 용감하면서도 영혼의 밤에 대한 호기심이 넘치는 새 친구들을 만나게 될 것이다.

그 전에 좋은 소식이 몇 가지 있다. 빛은 사라지고 짙은 어둠이 내린 것만 같은 시기가 하루든 한평생이든, 그때에도 하나님은 세상을 다른 어떤 신에게도 넘기지 않으신다. 앞길이 캄캄하고 당신의 외침에 아무도 대답하지 않는다 해도, 그것이 당신이 혼자라는 확실한 증거는 아니다. 어둠에게 도움을 청하는 당신의 말과 어둠에 대한 당신의 생각을 모두 넘어서시고, 어둠을 거짓 신들을 무너뜨리는 레킹 볼(철거할 건물을 부수기 위해 크레인에 매달고 휘두르는 쇳덩이 – 옮긴이)로 사용하시는 하나님이 우리와 함께하신다. 앞서간 증인들을 신뢰하기로 마음먹든 위험을 감수하고라도 스스로 증인이 되기로 작정하든, 믿음이 증언하는 것은 바로 이것이다. 하나님에게는 어둠이 더 이상 어둠이 아니며 밤도 낮처럼 환하다.

어둠 속을 걷는 법을 이야기하기 때문에 때로는 책의 구조를 따라오기 힘들 수도 있다. 각 장은 달이 변하는 모습을 따라 보름달로 시작해서 보름달로 끝난다. 그 사이에는 달이 이울면서 길이 펼쳐진다. 그러다가 달이 사라지는 밤이 지나면, 다시 달이 차기 시작한다. 달의 영성을 살피기로 한 이상, 이 어둠이 나를 인도하는 곳으로 끝까지 따라가 볼 작정이다. 그래서 이 책은 역사와 신학은 물론이고 우주학, 생물학, 심리학까지 망라한다. 인류의 어둠 체험과 관련하여 내가 습득한 모든 것을 책에 담았다. 그 체험이야말로 우리가 밤을 사랑하는 이유와 두려워하는 이유를 모두 설명해주기 때문이다. 나는 이 학문의 내용을 대부분 비유적으로 받아들이지만, 액면 그대로 받아들여도 상관없다. 어느 고성당의 대형 미로 입구에서 여행 가이드가 했던 말이 기억난다. "지금부터 일어나는 모든 일은 여러분 인생을 비유하는 겁니다." 여러분도 이 책 내용을 비슷한 느낌으로 받아들일지도 모르겠다. 이 책에서 당신이 취하는 내용은 모두 당신 인생에 대한 비유다.

원고 마감이 가까워져 오는 것이 이렇게 섭섭했던 적이 있었나 싶을 정도로 책을 쓰면서 즐거웠다. 한 가지 위안 삼을 게 있다면, 오늘 밤에도 집 앞 마당에 나가면 (하루 지난 보름)달을 볼 수 있다는 것이다. 달은 내 머리 위를 비추면서 또 다른 어머니처럼 이렇게 말할 것이다.

"날이 어두우니 이제 그만 나오렴."

누가 어둠을 두려워하는가?

그대가 누구라도, 저녁이면
그대에게 너무나 익숙한 방에서 나와 보라.
광활한 우주가 가까이에 있다.
라이너 마리아 릴케

8월 하순이다. 금요일 저녁 무렵, 마당에 에어 매트리스를 깔고 누워 밤이 되기를 기다리고 있다. 변화를 관찰하다 보니 "밤낮이 다르듯 확실히 다르다"라는 말이 틀린 말이라는 걸 알게 되었다. 정오나 자정이면 몰라도, 낮과 밤이 만나는 경계는 매우 흐릿해서 일몰, 땅거미, 해거름, 황혼 등 이때를 묘사하는 표현도 다양하다. 그 광경을 더 잘 보려고 일어나 앉으니 밤에 표류하는 고무보트처럼 매트리스에서 쉬익

하는 소리가 난다. 랍비들은 하늘에 별이 세 개 보이면 안식일이 시작된다고 말하는데, 여기는 아직이다. 해가 지고 나서도 별이 세 개 뜰 때까지는 갈 길이 멀다.

나는 지금 실물을 가지고 어둠 연구를 시작하려는 참이다. 잠자기 전에 일을 얼마나 더 할 수 있나 어둠의 정도로 가늠해보는 식이 아니라, 예술가나 천문학자가 하듯이 어둠을 집중 관찰해볼 셈이다. 대체로 일몰은 말들이 목초지 입구에서 꼴을 기다리며 발을 구르고 있다고 알려줄 때까지만 유용하다. 말 떼와 개 세 마리가 구유를 다 비우고 나면, 이제 주방으로 돌아가 저녁을 준비하고 낮 동안 엉망이 된 집 안을 정리하고 빨래를 하고 〈웨스트 윙〉이나 〈그레이 아나토미〉 지난 회를 볼 차례다. 그리고 나서는 괜찮은 책 한 권을 집어 들고 읽다가 졸음이 오면 불을 끈다.

어떤 날은 일이 너무 많아 달이 어떻게 생겼는지 생각할 틈도 없이 지나가버린다. 시골로 이사를 결심한 이유도 그 때문이었다. 남편과 같이 도시에 살 때는 하늘을 볼 일이 거의 없었다. 운전할 때는 교통신호 확인하기 바빴고, 걸어 다닐 때는 바닥만 쳐다보며 일 이야기와 아이들 이야기를 하고 주말 계획을 상의하곤 했다. 밤하늘은 늘 똑같은 색이라서 굳이 위를 쳐다볼 이유가 없었다. 도시를 뒤덮은 거대한 지붕은 내려오는 빛을 다 흡수하고 뒤섞어서, 하늘을 금속성 광택이 도는 회갈색으로 물들이고 천체를 가려버렸다. 도시를 둘러싼 빌딩 숲에서는 보름달이 뜬 날조차도 달의 흔적을 찾아보기 어려웠다.

어느 날 저녁 산책을 나온 우리 부부는 도시 생활을 접고 이사를 가기로 작정했다. 달이 차오르고 이지러지는 모습을 좀 더 친근하게 느낄 수 있는 곳으로. 난데없이 무슨 뚱딴지같은 소리냐고 할 독자들에게 제대로 설명을 할 수 있을지 모르겠다. 우리 부부의 이사 결정은 남은 인생의 날이 얼마 되지 않고 하루라도 빨리 그 남은 시간에 관심을 집중해야 한다는 깨달음이 커진 탓이었다. 더군다나 이울고 차는 달의 주기에는 마침표가 있는 일직선 같은 인생에서 중반을 넘어선 이들에게 시사하는 바가 있다.

시골로 이사 오면서 수입은 줄었지만, 하늘만 봐도 가치 있는 일이었다. 예를 들면, 오늘 밤 나는 둥근 널돌 위에 누워 있다. 낮 동안 햇빛을 받은 바위에는 아직 온기가 남아 있다. 뒤편 작은 언덕 위에 우리 집이 있는데, 앞쪽으로는 사방이 확 트였고 언덕에 서서히 어둠이 내리면서 큰 산 그림자가 지평선을 덮고 있다. 사방 어디에도 집 한 채 보이지 않는다. 그 말은 이제 곧 모습을 드러낼 천체들과 경쟁할 자동차 불빛이나 집에서 새어나오는 불빛도 없다는 뜻이다.

지평선에 깔린 가느다란 회색 구름이 천 조각에 액체를 쏟은 듯 색을 빨아들이는 사이, 하늘은 파란색에서 주황색을 거쳐 흑자두색으로 변해간다. 아직 서늘하다 느낄 정도는 아니지만 공기가 빠르게 식어간다. 무릎을 덮은 얇은 홑이불이 축축해지기 시작하고, 윗입술에 이슬

29

이 맺힌다. 머리 위로 박쥐 한 마리가 빙글빙글 돌면서 가여운 곤충들을 뒤쫓더니 공중에서 낚아챈다. 랍비들이 하늘에 박쥐 세 마리가 보이면 안식일이 시작된다고 말했더라면 기꺼이 세 번째 박쥐가 되련만, 무심한 하늘에는 아직 별 하나 보이지 않는다. 조금 전에 하나를 본 것도 같은데 눈 깜짝할 사이 사라져버렸다.

낮 동안에는 태양 빛 때문에 잠시 눈에 보이지 않을 뿐, 하늘에는 언제나 별이 있다는 사실을 잊기 쉽다. 우편물을 찾으러 차를 몰고 우체국 가는 길에 별똥별이 자동차 보닛 바로 위에서 날아다닐 수도 있다. 연체 도서를 반납하러 도서관 가는 길에 오리온자리가 머리 위에서 반짝이고 있을 수도 있다. 낮 동안 숨어 있는 것들을 보고 느끼고 생각할 수 있도록 우리에게 어둠을 허락하는 것이 바로 밤이다.

물리적 어둠은 다른 모든 종류의 어둠을 유도하고 비유하기도 하므로, 가장 먼저 살펴보는 것이 좋겠다. 어둠에 대한 민속학은 너무 많기도 하거니와 나와는 전혀 다른 기대와 두려움을 가진 사람들이 갖다 붙인 내용이 많아서, 이번만은 회피하지 말고 호기심을 품고 그 기원을 집중해서 살펴보는 것이 중요할 듯하다. 단 하룻밤이라도 이런 태도로 누워서 어둠을 기다리면 어둠에 대해 무언가 배울 수 있지 않을까?

미국 해군성 천문대에 따르면, 박명薄明에는 세 종류가 있다. 시민박명은 어두워지기 직전에 시작되는데, 사람들이 차에 전조등을 켜야겠다고 느끼는 때를 가리킨다. 어떤 사람은 마주 오는 차 세 대 정도가 전조등을 깜빡이는 것을 보고서야 비로소 전조등을 켜야겠다고 생각하기도 한다. '차 지붕에 또 지갑을 올려놨나?' 하고 잠시 헷갈리다가, 뇌가 서서히 어둠과 어둠을 모아서 인식하고 전조등을 켠다.

내가 마당에 자리 잡을 때면 시민박명은 끝난다. 달은 어둑어둑해지는 지평선 위로 낮게 떠 있다. 오늘 밤엔 보름달이 뜰 것이다. 이곳에 처음 살던 사람들은 여름 들판에 곡식이 무럭무럭 익어간다고 해서 이즈음의 보름달을 '곡식의 달Grain Moon'이라 불렀다고 한다. 하늘에는 아직 빛이 남아 있어서 모형 비행기 비슷한 것이 날아가는 모습이 간간이 보인다. 잠자리 아니면 아슬아슬한 짝짓기를 즐기는 곤충 한 쌍인 듯도 하다. 박쥐는 이 정도면 확실히 밤이라고 할 것이다.

다음으로는 항해박명이 찾아온다. 이때는 가장 밝은 별도 눈에 띈다. 매미가 숲 속에서 목청을 높이는 사이, 가장 먼저 금성이 서쪽 지평선 나지막이 모습을 드러낸다. 오늘 밤엔 귀뚜라미가 살짝 잠잠한 편이지만 메시지를 보내는 것은 잊지 않는다. 야행성 새들도 어둠 속에서 짝을 찾아 헤맨다. 집에 있는 에어컨 실외기가 돌기 시작하면 미안한 마음이 든다. 그 소리가 얼마나 시끄러운지 전에는 미처 몰랐지만, 서로 메시지를 주고받으려 애쓰는 계곡의 생물들에게 엄청난 방해 거리일 게 틀림없다.

항해박명이 시작된 하늘 풍경은 썩 좋아 보이지 않는다. 얇게 드리운 회색 구름이 점점 커지면서 달과 하늘을 잡아먹기 시작한다. 환한 달을 보면서 축제나 금식을 시작하는 나라의 사람들은 이런 밤에는 뭘 할까? 지나가는 구름 사이로 언뜻언뜻 달이 얼굴을 내민다. 어찌 보면 옆에서 본 매의 눈 같고, 어찌 보면 1달러 지폐 뒷면 피라미드 꼭대기의 눈 같기도 하다. 왜 단순하게 구름 뒤에 숨은 달로만 보이는 법이 없는 걸까? 이유를 모르겠다. 그저 달을 땅으로 끌어내려 여기 있는 것과 비교해보는 일이 즐거울 뿐이다.

오늘 밤에는 두꺼운 구름 때문에, 가장 희미한 별이 보이기 시작하는 천문박명은 고사하고 항해박명도 없다는 확신이 드는데도, 안으로 들어가야지 생각만 하고 밖에 계속 남아 있다. 하늘은 몇 초 단위로 계속 바뀌고, 바람은 가볍고 상쾌하다. 사방에서 온갖 소리가 들린다. 손을 뻗어 매트리스 아래 널돌을 만지면 아직도 낮의 열기가 남아 있다. 잠자는 동물처럼 땅은 온기를 내뿜는다.

이쯤 해서 안으로 들어가는 건, 시원한 샘물을 두고 싸구려 탄산음료를 마시는 것과 같고, 진줏빛 촛불을 끄고 형광등 아래서 책을 읽는 것과 같다. 누가 그러고 싶을까? 긴긴 밤 동안 뭘 해야 할지 모르는 사람이 아니고서야 그런 선택을 할 리 없다. 특히나 밤에 할 수 있는 일은 생산적이거나 유익한 일, 심지어 적당한 유산소 운동으로도 간주되지 않으니 말이다.

생산성이 이길 때까지 20분 넘게 고민하다가, 결국 일어나 홑이불을 접고 사용했던 매트리스는 뒤쪽 현관에 세워둔다. 달에게 인사하고 집 안으로 들어가 하루의 남은 일을 마무리한다.

밤늦게 침대에 누워 있으려니 창밖 세상과 완전히 격리된 느낌이다. 강보를 풀긴 했지만 아직 팔다리를 가눌 줄 모르는 아기처럼 흔들리는 느낌이랄까. 밖에서는 부드러운 밤의 무게가 나를 붙들고 있다 보니, 자연이 선사하는 평범한 일상 저녁의 화려한 볼거리를 놓치려야 놓칠 수 없었다. 이런 밤이면, 매일 밤 열리는 소리와 빛의 향연을 마다하고 사람들이 독서등과 에어컨 소리를 택하는 이유를 이해하기 힘들다.

우리 집 개 댄서는 그런 실수를 저지르는 법이 없다. 댄서는 집 안에 잠자리가 있어도, 시간이나 날씨에 구애받지 않고 밖에 나가 있는 걸 더 좋아한다. 비가 내릴 때도 인공조명보다는 차라리 진짜 어둠을 택하는 편이다. 댄서가 현관에서 알짱거릴 때라곤 한밤중에 코요테가 나타났을 때뿐이다. 댄서는 토끼나 아기 사슴을 찾아다니는 코요테의 그림자가 들판에 비치기도 전에 냄새로 알아차린다. 코요테 떼가 집 가까이 올 수만 있다면 댄서의 먹이도 훔쳐 먹겠지만, 풍향이 바뀌면 코요테들은 댄서의 냄새를 맡고 깽깽거리며 숲 속으로 도망간다. 현관 층계참에 있던 댄서는 어둠 속으로 뛰어들어 주둥이를 달 쪽으로 추켜올린 채 평소에는 듣기 힘든 고음으로 울부짖는다. 그러면 다른 개들도 잇달아 한목소리로 짖어대면서 철통같은 보안 시스템을 코요테에게 과시한다. 하지만 아무리 코요테와 비슷하게 짖어보려 한들 불가능한 일이다. 성대 구조가 다르거나 코요테와 달리 배고픈 줄을 몰라서 그런지도 모르겠다. 그만큼 굶주린 코요테 울음소리는 독특하다.

머릿속에서 이런 생각이 꼬리에 꼬리를 물자 밖으로 나가고 싶다는 생각이 잦아든다. 에어컨 백색소음을 들으며 깜빡 잠이 들었다가 다시 일어나 어둠을 연구하러 갈 준비를 한다. 천문학, 신화, 심리학, 신학 등 참고할 책은 많지만, 가장 중요한 일은 아무도 대신해줄 수 없다. 나만의 어둠 속을 걷는 일 말이다.

처음에 주변 사람들에게 어둠을 연구하고 있다고 했을 때 돌아오는 반응은 한결같았다.

어떤 여자는 "머리카락이 쭈뼛 서는 느낌이에요"라며 소름 돋은 팔을 쓸어내렸다.

또 다른 사람은 "영적 전쟁에 대한 책인가요?" 하고 물었다.

"어둠이라면, 악 말씀이신가요, 우울증 말씀이신가요?"라고 묻는 사람도 있었다.

어둠에서 연상하는 것이 어쩌면 그렇게 하나같이 부정적인 것뿐인지, 이유를 알아보러 설문 조사해볼 생각까지 했다. 왜 사람들은 어둠을 무서운 것, 대적해야 할 것, 끝내야 할 것, 피해야 할 것으로만 생각하게 됐을까? 할리우드 영화 때문일까, 프로이트 심리학 때문일까, 아니면 귀신 이야기나 종교적인 이유 때문일까? 어렸을 적에 부모가 자녀를 보호하고 싶은 마음에 어둠을 무서워하는 마음을 심어줘서 그런 것일까? 아니면 성장 과정에서 어둠과 관련된 무서운 일을 겪고 나서 그렇게 된 것일까? 어둠에 대처하는 최고의 방법은 불을 켜는 것이라는, 만국 공통의 대답을 어떻게 설명할 수 있을까? 사람들에게 일일이 물어보는 방법 이외에는 알 길이 없으니, 차선으로 내가 경험한 어둠의 역사를 재구성하는 방법을 택했다.

내가 기억하는 한, 부모님에게서 어둠을 무서워해야 한다고 배운 적은 없었다. 물론 내가 태어난 1950년대는 대다수 중산층 가정에서 자가용을 소유하고 밤이면 텔레비전을 보던 시절이었다. 볼 만한 방송이 없으면 아버지는 나와 동생들을 데리고 뒷마당으로 나갔다. 우리는 거기서 하늘을 보고 누워 아무 말 없이 별똥별을 구경했다. 어쩌다가 근처에서 소방차 사이렌 소리라도 들리는 밤이면, 아버지는 우리를 차에 태우고 소방차 뒤를 쫓았다. 운이 좋으면 담요를 둘둘 두른 채 소방관들이 낡은 집 창밖으로 솟구치는 주황색 불길을 잡는 모습을 볼 수 있었다. 부모님과 캠핑도 자주 갔다. 올빼미가 푸드덕거리며 사방을 날아다니거나 너구리가 덤불숲을 헤치고 나타나 저녁 식탁에서 떨어진 음식을 주워 먹을 때도 화를 자제하는 법을 배웠다.

앨라배마 주 터스컬루사에 살 때는 5미터 크기에 25마력 에빈루드 선외기를 단 파란색 스키보트를 샀다. 우리 집과 제일 친하고 세 자녀를 둔 시글 아저씨네도 같은 보트를 색깔만 다른 걸로 구입했다. 주말마다 블랙워리어 강에서 맹연습을 소화한 후, 디어릭 캠핑장에서 하루나 이틀쯤 캠핑을 했다. 텐트에서 잠을 자는 시글 아저씨네는 어디서나 캠핑을 할 수 있지만, 정글 해먹에서 잠을 자는 우리 집은 나무가 많은 장소가 필요했다. 나란히 붙은 적당한 땅을 찾은 우리는 어두워지기 전에 해먹을 설치하고 불을 피우느라 녹초가 되어버렸다.

저녁 시간이면 맛있는 음식이 줄줄이 이어졌다. 케첩으로 양념한 돼지고기와 콩을 불에 익히고, 저녁식사 후에는 같은 불 위에 종이 접시를 얹고 마시멜로를 꼬챙이에 꽂아 올렸다. 가까이에서는 수정란풀 냄새가, 좀 더 떨어진 강물에서는 산 물고기와 죽은 물고기 냄새가 함께 바람결에 실려 왔다. 후덥지근한 저녁이면, 어른들은 어둑어둑할 무렵 강가에 옷을 벗어놓고 알몸으로 물에 뛰어들어 아이들을 당황시키기도 했다.

어른들은 아이들에게 가까이 오지 말라고 주의를 줄 필요가 없었다. 부모가 흙탕물에서 알몸으로 수영을 한다는 생각만으로도 아이들은 마음이 불편해져서 근처에는 얼씬도 하지 않았다. 멀찍이 떨어진 강가에서는 시커먼 물속에서 유영하는 흐릿한 형체와 우리가 잘 있는지 확인하려고 이따금씩 크게 외치는 소리만 확인할 수 있었다. 알몸으로 수영하던 어른들처럼, 그 시절 내 성의식도 의식의 표면 아래 반쯤 잠긴 채 떠다녔다. 나를 심란하게 만든 것은 나체보다는 어둠이었지만, 머릿속에서는 둘이 뒤죽박죽 뒤섞여 있었다.

어른들이 다시 돌아오면, 우리는 불 가에 모여 귀신 이야기나 에드

거 앨런 포의 시를 낭송하는 것을 들었다. 나와 동생들이 부모님 무릎을 베고 누워 있으면, 시글 아저씨네 남자애들은 턱 밑에 손전등을 대고 얼굴에 섬뜩한 그림자를 만들었다. 이야기의 결말을 다 알고 있어도 어두운 곳에서 듣는 이야기는 사뭇 달랐다. 무서운 내용에 한기가 몸을 휘감는데, 숲 속에서 잔가지 부러지는 소리라도 날라치면 우리는 질겁하고 비명을 질러댔다. 해결책은 한 가지, 정글 해먹 속에 들어가 지퍼를 잠그는 것뿐이었다. 사방이 막히고 지붕까지 있는 정글 해먹은 까마귀와 박쥐를 피할 수 있는 아늑한 은신처였다. 잘 자라고 인사를 건넬 때 풍기는 아버지의 챕스틱 향기도 마음의 안정을 찾는 데 도움이 되었다.

부모님은 평소 집에서도 별이 뜰 때까지는 마당에서 노는 우리를 부르는 법이 없었다. 당시에는 24시간 뉴스 채널이 없었던 것도 한 가지 이유가 아닐까 싶다. 마당에서 놀던 아이가 사라지거나 사용하지 않는 우물에 빠지더라도, 그런 사건이 15분마다 뉴스에 등장하는 일은 없었다. 반복해서 같은 뉴스가 나오면 사고를 당한 아동이 마치 백명, 아니 천 명이라도 되는 것처럼, 밤에 밖에 나와 노는 아이들은 다들 위험하고 큰 사고를 당할 것만 같은 기분이 든다. 물론 밤에 밖에서 노는 아이들에게 그런 끔찍한 일이 생길 수도 있지만, 그렇다고 세상 모든 아이들에게 그런 가능성을 덮어씌운다면 잃는 것도 적지 않다.

결국 어둠에 대한 내 태도를 바꾼 것은 종교이기 때문에, 가정에서는 종교 교육을 받은 적이 없다는 사실을 미리 언급해두는 게 좋겠다. 우리 집에서는 성탄절은 챙겨도 부활절은 지키지 않았다. 식사 기도도 하지 않았다. 나중에 내게 22구경 라이플을 주셨던 할머니가, 내가 열 살 때 아주 작은 신약 성경책을 주셨다. 그 책을 보고 예수가 주인공인 것을 알게 됐다. 책장을 뒤적여보니 그림마다 그가 빠진 곳이 없고, 페이지마다 그의 이름이 등장했다. 하지만 제대로 읽은 적은 없어서 내가 그분에 대해 아는 것은 그게 다였다. 우리 집에서는 성경 대신《피노키오》를 읽었다. 《블랙 뷰티》, 《닥터 두리틀》, 《작은 아씨들》, 《허클베리 핀의 모험》도 읽었다. 내가 이야기에서 어둠에 대해 알게 된 게 있다면, 이런 책들을 비롯해 그림 형제와 한스 크리스티안 안데르센의 원본 작품을 통해서였다.

〈뉴욕 타임스〉최신 기사에 따르면, 요즘에는 자녀에게 이런 작품들을 원본 그대로 읽어주는 부모가 거의 없다는데 이유가 그럼직하다. 자기 자녀가, 계모는 악랄하고, 못생긴 사람은 나쁘고, 여자는 예쁘면 최고고, 왕자는 죄다 백인이라고 믿으면서 크기를 바라는 부모가 어디 있을까? 더불어 모든 이야기는 행복한 결말을 맞고 그 과정에서 평생 가는 상처를 받는 사람은 없다고 생각하면서 자랄 아이들이 안쓰럽다. 《신데렐라》의 원래 이야기를 보면, 신데렐라가 화려한 성에서 왕자와 함께 사는 동안 못된 언니들은 비둘기에 눈이 쪼여 평생 눈먼 걸인으로 살아간다. 《백설공주》의 원래 이야기에서도, 사냥꾼에게 공주를 죽이고 그녀의 심장을 가져오라 했던 못된 왕비는 시뻘겋게 단 쇠 구두를 신고 죽을 때까지 춤을 춰야 하는 운명을 맞는다.

2009년 영국인 학부모 3천 명을 대상으로 한 설문 조사 결과, 자녀들에게 읽어주지 않는 동화 10위에 앞의 동화들이 이름을 올렸다.《헨젤과 그레텔》,《잭과 콩나무》,《잠자는 숲 속의 공주》,《미녀와 야수》도 포함되었다. 잠자리에서 자녀들에게 어떤 책을 읽어주느냐는 질문에는《배고픈 애벌레》를 선두로,《곰돌이 푸우》,《외계인은 팬티를 좋아해》,《꼬꼬마 꿈동산》 같은 책들을 언급했다.[1] 이 중에서 내가 읽은 책은 한 권밖에 없어서 확실히 말하기는 어렵지만, 적어도 사람 눈을 쪼는 이야기는 나오지 않을 것 같다.

원래《신데렐라》이야기를 비롯한 이런 동화에서 의문의 사건들은 어둠 속에서 벌어졌다고 알고 있다. 헨젤과 그레텔이 우연히 숲 속에 있는 마녀의 집을 찾아내거나, 룸펠슈틸츠헨이 짚으로 금실을 자아 방앗간 집 딸을 구하려고 한밤중에 나타날 때처럼 무시무시한 사건도 있고, 일곱 난쟁이가 백설공주를 왕비의 계략에서 구해내거나, 벨의 눈물이 야수의 얼굴에 떨어져 그가 다시 왕자로 돌아올 때처럼 문제를 해결해주는 사건도 있다. 그런데 이런 사건들이 모두 어둠 속에서 벌어졌다고 확신했던 나는 50년이 지나 그게 아니란 걸 깨닫고는 깜짝 놀랐다. 이 사건들은 실제로 어두울 때 벌어진 것이 아니라, 한 아이의 어두운 상상 속에서 발생한 일이었다. 그리고 이런 깨달음은 항상 백주대낮의 밝은 빛이 가장 큰 진실을 드러내주는 것은 아니라는 생각을 확인해주었다. 이런 이야기들이 어둠 속에서 어떤 의문의 사건들을 마주하게 될지를 보장해주지는 않았지만, 낮 시간보다 저녁 시간을 더 강력하게 만들어준 덕에 나는 어떤 위험도 감수할 준비가 되어 있었다.

이 간단한 설문 조사로는 내가 어린 시절 어둠에 대해 배운 내용을 자세히 다루기 어렵지만, 우리 각자에게 어둠의 역사가 있다고 이야기하는 것만으로 충분할 것 같다. 벌을 받아 옷장에 갇혔던 아이와 가족 캠핑을 학수고대하던 아이가 어둠을 기억하는 방식은 확연히 다를 것이다. 도시 우범지역에서 성장한 아이는 밤에 문을 걸어 잠그면서 코요테보다 더 심한 것을 두려워할 것이다. 어둠은 보편적 현상이지만, 우리는 어둠을 개별적으로 체험한다. 또한 그 체험은 사회적·문화적·경제적·정치적 체험이기도 한데, 어둠과의 관계는 개인적인 느낌이나 직감에 국한되지 않기 때문이다. 사람들은 학습을 통해 어둠을 어떻게 생각해야 하는지 알게 되는데, 잠시 생각해보면 누가 그런 가르침을 줬는지 기억날 것이다.

내게는 무슨 수를 써서라도 지켜주고 싶은 아이들이 몇 명 있다. 문제는 이 아이들이 과보호를 받고 있다 보니, 말에서 떨어지거나 건초더미에서 뱀을 만나거나 숲 속에서 길을 잃는 것처럼 인생에서 중요한 사건들을 오히려 놓치고 있다는 것이다. 그래서 아이들이 농장에

놀러 오면, 나는 물불을 가리지 않는다. 멋진 왕자가 아이들을 깨우려고 달려오는 것을 어떻게든 막으려는 사악한 마녀가 된다.

조카 패트릭이 우리 집에 처음 왔을 때는 아이가 챙겨온 휴대용 단말기만큼 신나는 놀잇감이 없었다. 이 아홉 살 소년은 가상현실 세계에 푹 빠져 있어서, 날지도 못하고 코에서 불을 내뿜지도 못하는 말 따위에는 관심이 없었다. 하지만 창고 옆에 주차된 초록색 존디어 트랙터에는 흥미를 보여서, 드디어 아이를 집 밖으로 끌어내는 데 성공했다. 그로부터 한 시간이 채 못 되어, 도시 소년은 정원에 무릎을 꿇고 앉아 맨손으로 감자를 캐고 있었다. 이후로 아이는 우리 집에 올 때마다 감자를 캐러 가겠다고 했다. 감자 철이든 아니든.

같은 이름을 가진 다른 조카는 엄마를 들들 볶아댔다. 견디다 못한 엄마가 베란다에 앉아 있을 테니, 눈에서 벗어나지만 않는다면 밖에 나가 무엇이든 해도 좋다고 허락했다. 아이는 빨강 머리라 눈에 잘 띄었다. 그런데 닭털 몇 개 뽑고 돌멩이 몇 개 던지고 나니 할 일이 없었다.

"이리 와 보렴." 나는 아이를 불러 진입로 옆에 있는 5킬로그램쯤 되는 돌을 보여주었다. "이 돌을 뒤집을 수 있겠니?" 아이는 고개를 끄덕였다. "좋아. 하지만 이렇게 큰 돌 밑에는 뭐가 있을지 모르니 언제든 뒤로 물러설 채비를 단단히 하고." 그렇게 말해주고 나는 현관으로 돌아갔다. 5분쯤 지났을까. 패트릭이 오더니 신발 상자나 항아리를 빌려달라고 했다. 그 뒤로 한 시간 동안, 아이는 엄마가 앉아 있는 현관

베란다에서 눈에 띄는 돌이란 돌은 다 뒤집어서 자기가 찾은 것을 담아왔다. 어린 가터뱀, 벌침 전갈, 눈먼 반투명 유충, 머리가 납작한 지렁이, 털북숭이 애벌레, 겨울잠 자던 두꺼비 등. 아이 엄마는 "잘했다, 얘야. 근데 엄마는 별로 만지고 싶지 않구나. 그 아이들을 다시 돌려보낼 준비가 될 때까지 항아리에 잘 담아두면 어떨까?" 하고 물었다.

작년에는 애나와 애나 엄마가 다녀갔다. 그 아이가 태어날 때부터 죽 지켜봤으니, 애나는 나와 평생을 알고 지낸 사이다. 애나는 또래보다 훨씬 더 의젓하게 자리를 지키고 앉아 어른들 대화를 경청하는, 속이 깊은 아이다. 내가 기억하는 그날, 애나는 여덟 살이었다. 초등학교 2학년인 애나는 금발 머리에 길쭉한 다리, 동글동글한 얼굴이 흡사 나무 빨래집게 같았다. 나는 도시 출신인 애나를 위해 몇 가지 시골 체험 활동을 준비했다. 그중에는 농장 체험 중 최고라 할 수 있는, 해가 지고 나서 한 축사에서 다른 축사로 영계들을 옮기는 일도 있었다. 낮 시간에도 할 수는 있지만 보기에 썩 좋지 않은 장면들이 연출될 수도 있는 일이다. 정신이 말짱한 닭들을 잡으려 했다가는, 닭 모가지를 비틀어 식탁에 올리는 사람들 이야기를 듣기라도 한 것처럼 닭이 소리를 지르며 철망에 몸을 내던지고 서로 부딪히면서 사방에 털이 날릴 것이다. 잔뜩 겁을 집어먹은 닭들은 그 자리에서 즉사할지도 모른다.

하지만 밤에 닭장에 가면 술 두어 잔은 걸친 듯 닭들이 얌전해져서, 사람이 문을 열고 들어가도 서로 쳐다보며 킬킬거릴 뿐이다. 누가 왔나 보려고 횃대에서 몸을 움직여 고개를 한쪽으로 쑥 내밀기까지 한다. 손전등 불빛이 적당히 밝고 천천히 움직이기만 한다면 맨손으로 닭을 잡을 수도 있다. 앞치마에 다섯 마리, 한쪽 옆구리에 두어 마리쯤은 거뜬하다. 나머지 닭들도 당신이 돌아올 때까지 얌전히 기다릴 것이다. 그렇게 몇 번만 왔다 갔다 하면 닭을 손쉽게 새 축사로 옮길 수 있다.

애나가 좋아할 것 같아서 해가 지자 함께 닭장으로 갔다. "재밌을 거야. 날 따라오렴." 키 큰 풀숲을 가로질러 주차장에서 언덕을 따라 50미터 정도만 내려가면 바로 닭장이었다. 그날 밤은 달이 밝아 손전등이 필요 없었지만 그래도 들고 갔다. 애나보다 두어 걸음 앞서 가면서 앞쪽에 불빛을 비춰주었다.

"앞이 안 보여요." 주차장을 지나 좀 더 으슥한 곳으로 들어서자 애나는 불평을 했다.

나는 손전등으로 길을 비추며 말했다. "거의 다 왔어. 조금만 있으면 잘 보일 거야." 그날은 하루 종일 더웠던 탓에 젖은 풀숲 사이를 걷자니 스프링클러 사이를 지나는 기분이었다. 숲 속에서 반딧불이가 하나 둘씩 나타나기 시작하고, 매미 떼가 노래를 불렀다. "멋지지 않니?" 하고 물었는데 대답이 없었다. 뒤돌아서서 손전등으로 풀숲을 훑었지만, 풀잎에 맺힌 이슬만 반짝거릴 뿐 사람 흔적은 보이지 않았다. 다시 언덕을 거슬러 올라가면서 흐느끼는 소리를 따라가니, 겁에 질린 애나가

젖은 풀숲 사이에 꼼짝 않고 서 있었다. 달빛이 더할 나위 없이 아름다운 밤이었다.

애나 잘못이 아니었다. 천생 도시 아이인 애나가 어둠 속을 걸으려면 약간의 연습이 필요하다는 사실을 잊은 내 탓이었다. 하지만 어둠은 종류를 막론하고 언제, 어떤 상황에서든 무섭고 위험하다고 아이에게 가르쳐준 사람들 탓도 있었다. 그래서 아이는 눈에 보이지 않는 것은 자신을 해치기 때문에 그런 위험에서 스스로를 보호하려면 어두워지고 난 후에는 집 안에서 문을 걸어 잠그고 불을 켜둔 채 자는 것이 최선이라고 믿게 되었다.

그 사람들도 애나를 사랑해서 그랬을 거라고 믿는다. 애나가 납치되거나 차에 치이거나 개한테 물리는 것을 원치 않았을 테니까. 이런 일이 실제로 일어날 확률은 잠시 접어두라. 당신이 사랑하는 아이의 일이라면, 타당성이나 개연성 따위는 제쳐놓고 끔찍한 가능성만 따지게 마련이다. 무시무시한 사건이 뉴스에 반복해서 보도되는 것처럼 마음속에서 그런 생각을 지워내기 어렵다.

당신은 아이가 어두운 잔디밭에서 놀다가 깨진 유리 조각을 밟거나, 안 보이는 갓돌에서 발을 헛디뎌 발목을 삐거나, 올빼미 소리에 겁을 먹는 것조차 꺼린다. 이런 게 아니더라도 아이는 밤마다 잠을 못 이룬다. 당신은 밤마다 아이가 훌쩍이는 소리에 잠이 깨서 아이 방으로 달려가 그냥 꿈이라고 아이를 달랜다.

부모라면 아이가 무서워하는 것을 어떻게든 차단하려 들 것이다. 아이가 밤을 무서워한다면 밤을 몰아내면 그만이라 생각한다. 아이가 달빛 대신 화면에 푹 빠지도록 텔레비전을 켜두고, 아이 방 천장에 별빛을 쏘는 전등을 달아주고, 화장실 가는 길에 야간 등을 잔뜩 켜놓는 등 온갖 수단을 총동원하여 어둠을 막아준다. 어둠을 직접 체험하지 못하게 막고 어둠을 무서워하도록 가르친다. 별똥별, 개똥벌레, 거미줄에 걸린 달빛, 올빼미, 매미 소리, 어두울 때 닭 옮기는 일 등을 즐기지 못하는 것쯤은 사소한 손해로 받아들인다.

이 책을 준비하면서 읽은 책 중에 《밤이 있으라 *Let There Be Night*》라는 에세이 모음집이 있다. 제임스 브렘너라는 영국인의 글도 실려 있는데, 그는 어렸을 때 어둠을 아주 무서워했단다. 지금 생각하면 그럴 이유가 전혀 없었는데도 말이다. 그가 살던 스코틀랜드 서부의 작은 마을에는 야생동물이나 위험한 범죄자가 없었다. 하지만 그 동네에는 가로등이나 현관등도 없어서 밤이 오면 암흑 천지였다. 매일 저녁식사 후, 빈 우유병을 대문 앞에 내놓는 일이 그의 몫이었다. 그러면 다음날 아침 우유 배달부가 새 우유병을 놓고 빈 우유병은 가져갔다. 이 심부름은 어둠에 대한 그의 개인사에 큰 영향을 미쳤다. 대문까지는 100미터가 채 되지 않았지만, 현관에서 보면 컴컴해서 아무것도 보이지 않았다. 겨우 용기를 내어 한 발짝 떼면 얼른 가서 병을 내려놓고 돌아와야겠다는 생각밖에 안 들었지만, 유리병을 들고 있으니 뛸 수도 없었다. 어둠은 결코 익숙해지지 않아서 그는 날마다 용기를 그러모아야 했다.

별다른 이유 없이 그냥 어둠이 무서운 거였지만, 어둠 때문에 끌어낸 용기만큼은 평생 그의 곁을 떠나지 않았다. 그는 이렇게 썼다. "용기, 즉 두려움을 관리하는 데는 반드시 연습이 필요하다. 그렇기 때문에 아이들에게는 무섭지만 위험하지 않은, 광범위하고, 쉽게 손에 넣을 수 있고, 싸고, 재생 가능한 재료가 필요하다." 그는 어둠이 그 조건에 딱 들어맞는다고 말한다.[2]

그의 이야기가 무척 맘에 들기는 하지만, 요즘 세상에 이런 일이 가능할지 모르겠다. 대다수 부모는 어둠을 맞닥뜨린 자녀에게 다른 심부름거리를 주거나 동행을 제안할 것이다. 아이에게 헤드램프를 씌우거나, 배달부에게 우유를 현관까지 배달해달라고 부탁할 것이다. 자녀에게 무섭지만 위험하지는 않은 것을 결정해줄 만한 그릇이 되지 못하는 부모도 있고, 심지어 부모가 아이에게 가장 위험한 존재인 경우도 있다. 이런 현실에도 불구하고 질문은 남는다. 그런 연습을 제대로 한 적 없이 어떻게 어둠 속을 걸어볼 용기를 기를 수 있을까?

최소한 자연 현상인 어둠에 관해서는 나는 운이 좋은 아이였다. 우리 부모님은 내가 어둠을 무서워할까 봐 과보호하지 않고, 오히려 자주 어둠 속으로 내보냈다. 용기를 낼 수 있도록 손 잡아주는 시간을 조금씩 줄이더니 나중엔 혼자 걷는 연습을 하게 했다. 두 분은 나를 보내며 "재밌게 놀고 와!", "조심해!" 하고 상반된 인사를 건넸다. 이런 유용한 충고와 함께 어둠에 대한 개인사의 틀을 잡게 도와준 부모님 덕분에, 그렇지 않았다면 가보지 못했을 곳들을 가볼 수 있었다. 우리 부모님이 하나님께 도움을 청하라고 가르쳐준 적이 없다는 점이 흥미롭긴 하다. 아마 부모님이 그 방면에서는 별 도움을 받지 못했던 것 같다. 나 스스로 하나님을 찾기 시작하고서야 어둠이 얼마나 위험한지를 비로소 깨달았다. 내 방 침대 밑이나 어두운 숲 속에 있는 어둠이 아니라, 성경이 내 마음속에 있다고 가르치는 바로 그 어둠이 얼마나 위험한지를.

하나님에 대한 두려움

임금이 사환들에게 말하되 그 손발을 묶어 바깥 어두운 데에 내던지라
거기서 슬피 울며 이를 갈게 되리라 하니라.

마 22:13

 부모님은 어둠 속에서 하나님을 찾는 법을 가르쳐주지도 않았지만,
그 어둠이 마귀 소관이라고 가르치지도 않았다. 친구들과 달리 나는
문화적인 면을 제외하고는 기독교에 대해 아무것도 모른 채 자랐다.
아버지는 가톨릭 신자로 보낸 어린 시절에 대해 일언반구도 없었다.
이야기해달라고 졸라대면, 자신이 예수에 대해 알아야 할 모든 것은
열다섯 살이 되어 집을 떠나기까지 학교에서 망신을 주고 때리던 수

녀들에게서 배웠다는 말씀만 하셨다. 어머니는 큰외삼촌이 아홉 살에 죽자 당시 55세였던 외할아버지가 침례교회에서 침례를 받기 위해 조지아 주 칼리지파크에서 애틀랜타까지 차를 몰고 갔다고 말해주었다.

나는 한참 후에 어머니에게 여쭤보았다. "할아버지가 왜 그러셨을까요?"

"오빠를 위해서 그렇게 해야 한다고 생각하셨던 것 같아. 그래야 언젠가는 다시 만날 수 있으리라 믿으셨겠지." 할아버지는 이미 첫 번째 아내를 먼저 보낸 후였다. 출산 직후 세상을 떠난 아내가 남긴 큰아들은 오랜 시간 산소를 공급받지 못해 뇌 기능에 약간의 문제가 있었다. 한참 후에 재혼한 할아버지는 40대 후반에야 둘째를 보았고, 50세에 우리 어머니를 낳았다. "침례 때 기억나는 거라곤 아버지의 흰 가운과 백발이 물에 잠긴 모습뿐이야. 고작 다섯 살이었던 내게는 굉장히 인상적인 장면이었지"라고 어머니는 말했다.

그 모습은 그 자리에 있지도 않았던 나에게까지 굉장히 인상적인 장면으로 남았다. 기독교에도 만약 업보라는 게 있다면, 나는 꽤 많은 업보를 가지고 태어났다. 종교에 대한 어린 시절의 기억이라고는 슬픔밖에 없는 두 부모 사이에 장녀로 태어났으니 말이다. 나를 임신한 사실을 알게 된 순간부터 부모님은 그 슬픔과 종교로부터 가능한 한 나를 멀리 떼어놓기로 작정했다.

이 전략은 내가 운전면허를 따기 전까지는 그럭저럭 효과가 있었다.

그러다가 지역의 전문대학 여름 프로그램에서 잭이라는 남자를 만났다. 그는 나와 같은 고등학교 1학년인 자기 여동생 캐럴을 소개해주었다. 캐럴은 다른 학교에 다녔지만 나와는 이심전심으로 통했다. 굳이 말하지 않아도 내가 자기 오빠에게 홀딱 반했다는 사실까지 눈치챌 정도로 나를 속속들이 잘 알고 있었다. 베트남 전쟁이 본격적으로 시작되던 열여섯 살 여름, 우리 셋은 급속도로 친해졌다. 아직 파병 계획은 없었지만 잭은 입대를 원했다. 입대를 결심한 그는 자신과 캐럴이 예수님을 영접하고 헌신했던 그 교회에서 나도 세례를 받기 원했다.

나는 그들을 따라 교회에 나가기 시작했다. 주일에 두 번, 수요일 밤에 한 번 예배를 드렸는데, 그 교회 목사님은 내가 몰랐던 어둠에 대해 가르쳐주었다. 그는 물리적 어둠과 영적 어둠을 자유자재로 넘나들면서, 내 물리적 어둠의 역사를 사용하여 영적 어둠에 대한 두려움을 부추겼다. '마귀devil'와 '어둠darkness'이 같은 글자로 시작하는 건 우연의 일치가 아니라, 둘 다 사탄을 비롯한 졸개들과 함께 같은 곳에서 와서 같은 곳으로 향하기 때문이라고 했다. 외부의 어둠, 어둠의 힘, 어둠의 사람들을 다룬 수많은 구절을 골라 자신의 주장을 뒷받침하는 성경 구절이라며 읽어주었다. 설교를 들으면서 온몸에 오싹한 소름이 돋았다. 어째서 나는 어둠을 황홀하다고 생각하는 어리석음에 빠졌을까? 어떻게 그렇게 착각할 수 있지? 수요일 밤에 교회를 나설 때면 안전한 차로 돌아가 차 문을 걸어 잠그기 바빴다. 그래도 100퍼센트 안심할 수는 없었다. 내 안에도 어둠이 있다는 사실을 알아버렸기 때문이다. 그동안 악착같이 그러모은 용기는 새로운 위협 앞에 자취를 감추고 말았다.

몇 주 뒤, 급한 불이라도 끄자는 심정으로 나도 세례를 받게 해달라고 요청했다. 무지막지한 어둠의 세력에서 어떻게든 구제를 받고 싶었다. 내가 이제 다른 편으로 넘어갔다는 사실을 사탄이 알아주기를 바랐다. 하나님에 대한 사랑과는 별 상관없이 시작했지만, 그때부터는 어두운 죄의 동굴을 밝히려고 내 안에 있는 그리스도의 빛을 떠올리려 부단히 애썼다.

내 마음을 힘들게 한 것은 전적 태양 영성이었다. 교회는 나 같은 젊은이들에게 담배 연기 자욱한 나이트클럽, 뒷골목, 어두운 침실, 마약 소굴, 어둑한 감방 등 가능한 한 어두운 곳을 피하라고 했다. 여러 면에서 그즈음 내게는 그런 기독교가 필요했는지 모른다. 두려움 덕분에 행실을 고칠 수 있었고, 태양을 바라보게 되었다. 확실한 길이 안내된 지도를 제공해주었고, 그 길을 똑바로 걸어가야 할 이유를 묻는 내게 대답해주었다. 하지만 동시에 일종의 어둠 장애도 생겨서 한동안 몹시 힘들었다.

어두운 밤에 혼자 밖에 있으면 전과 달리 공포가 엄습해오기 시작했다. 보름달, 환한 길, 내 발에 그림자를 드리운 나무들, 겉으로 보기에는 다 아름답기만 했다. 하지만 그 숲에 숨어 누군가를 기다리고 있는 어둠의 영이 있지는 않을까? 어느 날 저녁, 수없이 걸었을 익숙한 두 집 사이 짧은 길을 걷다가 갑자기 악령에 대한 두려움에 사로잡혔다. 악령이 뒤에서 파도처럼 덮쳐오는 것만 같아서 빨리 뛰지 않으면 죽겠다 싶었다. 그래서 냅다 달렸다. 늑대가 뒤에서 쫓아오기라도 하는 것처럼 정신없이 문을 밀고 불빛이 환한 집 안으로 뛰어들었다. 그러나 나를 쫓아오는 것은 형체가 없었기에 문을 닫고 들어와도 안심이 되지 않았다. 영적 어둠은 옅은 안개 같아서, 문을 닫아도 바닥으로 스며들고 갈라진 마루 틈 사이로 올라왔다. 막대기로 공격할 수도 없고, 아무리 달려도 거기서 도망칠 수도 없었다. 유일한 방어 수단은 그리스도의 빛이 내 안에서 환히 불타오르게 하는 것뿐이었다. 그래서 성경을 읽고, 교회에 가고, 날마다 기도를 해서 믿음의 등불이 꺼지지 않도록 노력했다.

잭이 입대하고 나는 대학에 진학하면서 캐럴과는 소식이 끊겼다. 내가 다니는 대학교회의 주일예배는 세례 받았던 교회와는 천지 차이여서, 둘이 같은 종교가 맞는지 의심스러울 정도였다. 두려움을 부추기지 않는 신앙 공동체를 찾았다는 안도감에 나는 종교를 전공하게 되었고, 이 친절한 기독교의 관점에서 뭐든 배우고 싶은 열정이 가득했다. 그러나 이런 기독교에 어울릴 만한 괜찮은 성경을 기대했지만 찾을 수가 없었다.

어둠에 대해 언급하는 100여 군데 성경 구절에서의 평가는 한결같이 어둠은 좋지 않다는 것이다. 구약 성경에서 빛은 생명을 상징하고 어둠은 죽음을 상징한다. 하나님은 사람들에게 화가 나면 그들을 어둠에 빠뜨리셨다. 가령 메뚜기 떼가 몰려와 온 땅을 뒤덮었던 때처럼. 빛이 아니라 어둠인 주의 심판 날에 사람들은 빛도 없이 캄캄한 곳에서 헤매게 될 것이다. 신약 성경에서 빛은 지식을 상징하고 어둠은 무지를 상징한다. 마태는 "눈이 나쁘면 온몸이 어두울 것이니"(마 6:23)라고 말한다.

진정한 빛이 세상에 왔지만 세상은 그를 알지 못했다. 어둠과 죽음의 그늘에 있는 사람들을 찾아왔지만, 사람들은 빛보다 어둠을 더 사랑했다. 예수님이 십자가에서 죽으시던 그때, 정오부터 3시까지 어둠이 땅을 뒤덮었다. 그를 믿는 자는 누구든 어둠을 벗어날 수 있도록 빛으로 세상에 오셨지만, 그 손길조차 거부하는 사람들도 있었다. 그들에 대해 유다서에서는 "자기 수치의 거품을 뿜는 바다의 거친 물결이요 영원히 예비된 캄캄한 흑암으로 돌아갈 유리하는 별들이라"(13절)고 말한다.

하지만 이것이 성경에서 말하는 어둠의 전모는 아니다. 아브라함 이야기를 아는 사람이라면, 하나님이 그를 밖으로 데리고 나가 별을 보여주신 밤을 기억할 것이다. 아브라함은 자녀를 주겠다는 하나님의 약속이 과연 이루어질지 의심하고 있었다. 오랜 기다림에 지친 아브라함 부부에게 그 약속은 희망이 아니라 습관이 되어버렸다. 하나님은 번번이 "조금만 기다리라"고 말씀하셨지만 그런 일은 없었다. 그래서 "아브람아, 두려워하지 말라. 나는 네 방패요, 너의 지극히 큰 상급이니라"(창 15:1) 하고 하나님이 또다시 말씀을 꺼내셨을 때, 그는 분명한 현실을 알려드리기로 작정했다.

아브라함은 "나는 자식이 없사오니 내 집에서 난 종이 내 상속자가될 것이니이다" 하고 말했다. 하나님은 아브라함의 말에 반박하지 않으시고, 밖에 나가 하늘을 보라고 말씀하셨다.

"하늘을 우러러 뭇별을 셀 수 있나 보라. 네 자손이 이와 같으리라."대낮에는 불가능했을 일이다. 밤하늘은 아브라함이 하나님을 신뢰하기로 하는 데 핵심적 역할을 했다.

나중에 하나님은 아브라함의 손자 야곱에게도 한밤중에 찾아오셨다. 야곱은 가족을 배신하고 집을 나온 상태였다. 도망치다 지친 야곱은 한 곳에 이르러 돌을 베개 삼고 자다가 환상 같은 꿈을 꾸었다. 꿈에서 꼭대기가 하늘에 닿은 사닥다리를 보았는데, 하나님의 천사들이 사닥다리를 오르락내리락하고 있었다. 바로 그때 하나님은 야곱에게, 조부 아브라함에게 하셨던 것과 비슷한 말씀을 하셨다. "내가 너와 함께 있어 네가 어디로 가든지 너를 지키며 … 내가 네게 허락한 것을 다 이루기까지 너를 떠나지 아니하리라"(창 28:15). 이 역시 대낮에는 일어나기 힘든 일이었다. 이 밤의 환상은 야곱이 하나님을 믿기로 하는 데 핵심적 역할을 했다.

성경에서 얼마나 많은 중요한 사건이 밤에 일어났는지를 확인하려 들면 끝이 없을 정도다. 얍복 강가에서 밤새도록 천사와 씨름한 야곱은 다리를 절지만 축복을 받고 새 이름을 얻었다. 야곱의 아들 요셉은 밤에 꾼 꿈 덕에, 감옥에 갇힌 처지에 있다가도 궁에 들어가 왕의 꿈을 해석해주고 바로의 신임을 얻었다. 이스라엘 백성도 밤에 이집트를 탈출했다. 하나님은 밤에 홍해를 가르시고, 밤에 하늘로부터 만나를 내리셨다. 이것은 시작에 불과하다.

하지만 성경 초반부에 나오는 가장 심각한 어둠은 밤 시간과는 상관이 없다. 광야 생활 석 달째, 이집트를 탈출한 이스라엘 백성은 시내 산 기슭에 진을 쳤다. 성경은 하나님이 이 백성과 언약을 맺기로 작정하셨다고 말씀한다. 대낮에 모세를 주례로 세우고 그들과 혼인하기로 하신 것이다. 하나님과 모세는 모종의 계획을 세워야 했을 것이다.

하나님이 모세에게 말씀하셨다. "내가 빽빽한 구름 가운데서 네게 임함은 내가 너와 말하는 것을 백성들이 듣게 하며 또한 너를 영영히 믿게 하려 함이니라"(출 19:9). 이스라엘 백성은 하나님이 모세에게 말씀하시는 모습은 볼 수 없고 음성만 들을 수 있었다. 사흘 뒤로 날을 잡았지만, 정작 그날 아침에는 날씨가 도와주지 않았다. 천둥 번개가 치고, 먹구름이 산꼭대기를 뒤덮고, 산 전체가 폭발 직전 원자로처럼 흔들렸다. 연기가 자욱한 산을 지켜보는 백성의 귀에 큰 나팔 소리가 들렸다. 나팔 부는 사람은 아무도 없는데 말이다. 모세는 험한 날씨와 대화라도 하듯, 먼저 고함을 치고 그에게 대답하는 천둥소리를 들으려고 고개를 기울였다. 하나님은 모세를 산꼭대기로 부르셔서, 산 아래 있는 백성이 먹구름 속으로 들어와 보려고 하다가는 죽게 될 것이라는 경고를 전하라고 하셨다. 하나님을 직접 대면하고도 살 수 있는 사람은 모세뿐이었다.

　모세는 백성에게 이 말을 전하려고 산 밑으로 내려왔다. 그러자 하나님이 산꼭대기에서 말씀하시기 시작하셨다. 흑암 가운데서 하나님의 음성이 흘러나와 백성의 귀에 들렸다. "나는 너를 애굽 땅, 종 되었던 집에서 인도하여 낸 네 하나님 여호와니라. 너는 나 외에는 다른 신들을 네게 두지 말라"(출 20:2-3). 언약의 첫째 계명을 필두로 아홉 계명이 더 이어지는데, 자음만으로도(히브리어로 기록된 구약 성경은 자음으로만 표기됐다 - 옮긴이) 사람들은 이를 덜덜 떨 정도였다. 말씀이 다 끝나자, 하나님의 음성 듣기를 그토록 소원했던 사람들은 천둥 번개를 보고 나팔 소리를 듣고 산의 연기를 보고 나서는 태도가 돌변하여 모세에게 말했다. "당신이 우리에게 말씀하소서. 우리가 들으리이다. 하나님이 우리에게 말씀하시지 말게 하소서. 우리가 죽을까 하나이다"(출 20:19).

　이 이야기를 지배하는 흑암은 시간대나 천체 위치, 혹은 눈의 시세포와도 관련 없는 어둠이다. 완전히 비정상적인, 위험하면서도 신성한 어둠이다. 거기에는 그 앞에 아무도 설 수 없는 하나님의 임재가 있다.

이 흑암은 평소 히브리 사람들이 '어둡다'고 말할 때 사용하는 의미와는 너무 달라서 별개의 단어가 있을 정도다. '아라펠*araphel*'이라는 이 단어는 성경에서 하나님과 관련해서만 한정적으로 사용된다. 흑암은 하나님의 밝은 영광과 마찬가지로 그분의 임재를 가리면서도 드러낸다. 평범한 인간은 어둠 속에서든 빛 가운데서든 하나님을 직접 대면하고는 살아남기 힘들기 때문에 둘 다 하나님의 자비로운 징표라 할 수 있다.

어둠에 대한 이런 관점은 어둠을 악으로 묘사하는 관점보다 훨씬 미묘하다. 이 어둠은 위험하지만, 빛만큼이나 확실한 하나님의 임재의 표지다. 따라서 어둠을 무서워하는 것은 뱀이나 강도를 무서워하는 것과는 다르다. 성경 저자들이 "하나님을 두려워한다"고 말할 때는 그분의 순수한 존재 자체를 두려워하는 것을 의미한다. 그 존재는 인간의 상상을 초월한 것이라, 그것을 들여다보려 애쓰는 것은 마치 태양을 들여다보려 애쓰는 것과 같다.

열아홉 살에 처음으로 기독교 신비주의 과목을 들으면서, 이것을 '공포와 매혹의 신비*mysterium tremendum et fascinans*'라고 한다는 걸 알았다. 이 신비는 어떤 식으로든 그것을 통제해보려는 인간의 능력을 넘어선다. 《무지의 구름》을 쓴 14세기 익명의 저자는 "당신이 아무리 애를 써도, 당신과 하나님 사이에는 늘 이 어둠과 구름이 있다. 이 어둠 때문에 이성이라는 지식의 빛으로 그분을 똑똑히 보지 못하고, 그분의 사랑을 온전히 체험하지 못한다. 그러니 당신이 사랑하는 그분께 늘 부르짖으며, 할 수만 있다면 오랫동안 이 어둠 가운데서 쉬려고 애쓰라. 이 땅에 사는 한, 그분을 체험하거나 볼 수 있는 곳은 이 구름과 어둠밖에는 없기 때문이다."[1]

1천 년 전 카파도키아 수사인 니사의 그레고리우스는 처음으로 모세의 구름을 영성 생활의 암호로 해석한 사람이다. "모세의 환상은 빛과 함께 시작되었다. 이후 하나님은 구름 속에서 그에게 말씀하셨다. 그러나 모세가 더 온전해지자 어둠에 계신 하나님이 보였다."[2] 그레고리우스는 하나님께 가까이 가고 싶은 우리도 시야가 어두워질 때 놀라서는 안 된다고 말한다. 그것은 우리가 그분의 불분명한 영광에 다가가고 있다는 표지이기 때문이다. 우리가 눈이나 마음이 소용없는 곳까지 가겠다고 결심하면, 언젠가는 하나님을 향한 영적 여정의 절정에 도달하게 되는데, 그곳은 눈부시도록 완벽한 흑암 가운데 있다.

'뭐라고? 하나님이 어둠 가운데 계신다고? 시야에 구름이 잔뜩 낀 게 좋은 징조라고?' 그동안 교회에서 배운 내용과는 완전 딴판이라 공부를 더 해야 했다. 하지만 이런 엄청난 신비를 누가 가르쳐줄 수 있을까? 옛날이라면 동굴이나 수녀원에 들어갔을지도 모르지만, 지도 교수는 신학교를 추천했다. 그래서 그해 가을에 명문 신학교에 입학하기로 했는데, 그때까지 석 달이나 시간이 남았다. 돈 버는 재주라고는 식사 시중밖에 없는 데다가 고급 관광 산업은 수입도 제법 쏠쏠했기에,

신학교 입학 전까지 언더그라운드 애틀랜타에 있는 단테스 재즈 클럽에서 웨이트리스로 일하기로 했다.

지나고 보니, 여학생이 신학 교육을 준비하는 과정으로는 이만한 일이 없다 싶다. 매일 오후, 남들은 모두 퇴근하는 시간에 출근했기 때문에 주차 공간은 충분했다. 언더그라운드는 말 그대로 땅 밑에 있는데, 한때는 땅 위에 있었던 애틀랜타 옛 시가지가 도시 개발로 새 도로를 건설하면서 지하화되었다. 이곳의 오래된 건물들은 한동안 비어 있다가, 관광객을 위한 지하 휴양 시설로 활용하자는 제안에 따라 지금의 모습으로 바뀌었다. 내가 처음 그곳을 찾아갔을 때는, 대형 기념품 잔에 음료를 담아 파는 술집이 즐비한 거리에 줄지어 선 가스등까지, 마치 할리우드 창고에 보관해둔 낡은 영화 세트장에 온 것 같은 느낌이었다.

조지아의 여름은 덥기 때문에 나는 뜨거운 주차장을 얼른 벗어나 시원한 언더그라운드 동굴로 들어가고 싶었다. 언더그라운드는 여름에도 15도 안팎이었다. 습도가 높은 날에는 최상급 보르도 포도주처럼 얼굴에 땀이 송골송골 맺혔다. 길거리가 깨끗할 때도 그곳은 축축한 동굴 냄새가 났다. 오전에 청소부가 다녀가고 나면 배수로에는 작은 물웅덩이가 남아 있었는데, 담배꽁초가 둥둥 떠 있는 물웅덩이에서 비둘기들이 팝콘 알갱이를 쪼았다. 주차장에서 내가 일하는 곳까지 걸어가는 짧은 거리에는 핀볼 게임장, 가슴께 정도 되는 나무 스윙도어가 있는 술집, 남북전쟁 군인처럼 차려입고 사진을 찍는 곳 등이 있었다.

단테스는 당시 최고급 클럽이었다. 2층짜리 해적선을 정교하게 재현한 건물 주변으로 진짜 악어가 사는 작은 늪도 있었다. 나는 클럽에 도착하면 부두 난간에 기대어 이끼로 뒤덮인 가짜 바다 바닥을 유유하게 움직이는 악어가 눈에 띄는지 가장 먼저 살폈다. 부두 철탑에 솟은 거대한 양초 석순은 클럽이 처음 생겼을 때부터 차곡차곡 촛농이 쌓인 결과였다. 알코올과 양초, 파충류 냄새를 맡으면서 양초 석순을 지나 바 쪽으로 가면 그때부터 일과 시작이었다.

배 안에서는 재즈 트리오가 새벽 두 시까지 연주를 했다. 그때까지 손님들은 비싼 술을 마셔대고 뜨거운 치즈 퐁듀를 계속 주문했다. 나는 화장실에 들락거리는 손님들을 피해 머리 위로 칵테일이 담긴 쟁반을 들고 옮기는 법을 배웠다. 탁자를 불태우지 않고 뜨거운 퐁듀 냄비 아래에 연료를 보충하는 법도 익혔다. 괜찮은 날은 하룻밤에 60달러를 벌기도 하고, 정말 운이 좋은 날은 100달러도 벌었다. 수입이 꽤좋아서 이듬해 여름에도 다시 일하고 싶다고 했더니, 신학생 종업원을 매력 있게 생각한 사장은 흔쾌히 승낙했다.

이후로 3년간, 이 아르바이트는 신학 교육을 받는 내게 흥미로운 자극제가 되었다. 학기 중에는 주로 낮 시간에 존재론, 교회론, 종말론 등의 신학교 수업을 들으면서 인간의 본성, 인류 공동체의 목적, 인류의 미래 등에 대한 생각을 정리하고, 효과적인 설교, 건전한 리더십, 목회

돌봄의 원리도 배웠다. 그리고 다시 여름 방학이 되면 밤 시간에 단테스에서 일했다. 자기보다 돈 못 버는 사람들에게 자신이 가진 권력을 뽐내는 사업가들과, 술을 너무 많이 마셔서 계산서를 갖다 주면 내가 자기들 가슴에 총을 겨누기라도 한 듯이 보는 관광객들을 상대했다. 사람들이 대낮에 아는 사람에게라면 절대로 말하지 않을 내용을, 밤에 클럽에서 만난 낯선 이에게는 쉽게 털어놓기도 한다는 걸 알게 됐다. 나는 그들이 보기에 하찮고 만만한 상대였기 때문에 의사나 변호사, 정신과 의사나 판사에게 해야 할 말을 내게 털어놓기도 했다. 나중에 새내기 목회자가 되기 전까지는 그런 이야기를 들을 기회가 다시는 없었다. 그런 의미에서, 목회자는 자기 이야기를 들어줄 사람이 없는 이들에게 또 다른 유형의 낯선 이였다.

물론 기억에 남는 사랑스러운 고객들도 있었다. 금요일마다 늘 사제복 차림으로 혼자 와서 음악을 듣던 가톨릭 사제는 음식은 주문하지 않고 최고급 와인만 한 병씩 주문했다. 그가 자리를 지키는 몇 시간 동안 잔만 잘 채워주면 25퍼센트 팁은 문제없었다. 그 외에도 첫 데이트를 하는 연인, 신혼여행 중인 부부, 결혼기념일을 축하하는 부부들은 서로를 아끼는 마음이 넘쳐서 나를 포함한 주변 사람들을 모두 행복하게 만들어주었다.

언더그라운드에서 일할 때는 오후에 하루 일과를 시작해 새벽 4시에 마쳤다. 거기서 일하면서 해가 지면 열리는 또 다른 신세계를 알게 되었다. 밤에 깨어 있는 사람들은 낮에 깨어 있는 사람들과는 달랐다. 낮의 사람들이 모르는 것을 알았다. 예를 들면, 응급실 야간 근무 때 가장 흔히 볼 수 있는 사고가 무엇인지, 얼마나 많은 사람들이 야간 청소조가 오는 줄도 모르고 개인 물건을 책상에 놓고 퇴근하는지 말이다.

그들은 새벽 3시에 어딜 가야 가장 맛있는 오믈렛을 먹을 수 있는지 알았다. 그곳은 언더그라운드 애틀랜타 같은 명물 거리인 폰스 드 리온 애비뉴의 마제스틱 다이너다. 단테스 영업이 끝나고도 아직 집에 들어갈 기분이 아닌 이들은 거기서 만나곤 했다. 주변에는 근무를 마친 경찰, 직업여성 등 각종 야간 근무자들과 중산층 불면증 환자까지 다양한 사람들로 북적댔다. 널찍한 창가에 자리를 잡고 빨간 비닐 의자에 앉아 있노라면, 커다란 스크린을 통해 그런 역할을 연기하는 영화배우들을 보기라도 하는 것처럼, 내게는 꽤나 생소한 광경이었다.

가장 놀라운 것은 한밤중에 그런 장소에서 흘러나오는 엄청난 에너지였다. 그 시간에 잠을 자는 평범한 사람들이 자기 몫까지 내어줘서 깨어 있는 사람들에게 힘이 넘쳐나는 게 아닌가 싶을 정도였다. 가끔은 텅 빈 거리를 지나고 먼 길을 돌아 집에 온 후에도, 곧바로 잠들지 않고 마제스틱 다이너에서 있었던 일들을 이야기로 쓰곤 했다. 그렇게 두어 시간씩 버티다가 결국엔 졸음을 이기지 못하고 잠을 청했다. 얼마 지나지 않아 나는 상대적으로 무료한 대낮의 일상보다 특이한 밤의 리듬을 더 좋아하는 밤 중독자가 되었다.

지나고 보니, 신학교에서 논문을 쓸 때만큼이나 단테스에서 일하면서 인간 본성에 대해 많이 배웠다는 생각도 든다. 하나는 밝을 때 했던 일이고 다른 하나는 어두울 때 했던 일이지만, 둘이 합쳐져서 '공포와 매혹의 신비'를 더 잘 배울 수 있었던 것 같다. 어느 한쪽만 알았다면 얻지 못했을 소득이다. 한참 후에 향을 들고 제단 앞에서 일할 때도, 담배 냄새가 얼굴을 스치던 단테스 바가 기억나면서 그때와 똑같이 따스한 감정이 밀려오곤 했다. 두 장소의 사람들이 너무나 닮아 있었기 때문이다. 사람들은 너나없이 인생의 동반자와 삶의 의미, 위로와 무아경을 찾고 있다. 원하는 것을 찾든 못 찾든 추구하는 과정 자체가 공통점이 없는 이들이라도 구름 속에서 서로를 찾도록 이끈다. 가끔은 서로를 한 핏줄로 깨달을 수만 있다면 성찬 잔에 거룩한 포도주가 들었든 생맥주가 들었든 무슨 상관인가 싶기도 하다.

사람들이 빛이나 어둠에 대해 하는 이야기를 들어보면, 어둠의 이미지를 만회할 수 있는 가능성이 있기나 한 건지 낙담하기 쉽다.

악당이 이를 뽑듯 마구잡이로 사람을 죽이는 영화를 보고, "진짜 어두운 영화였어"라고 표현한다.

병원 검사 결과를 초조하게 기다리면서 "눈앞이 캄캄해요" 하고 말하기도 한다. 그러면 옆에서 이런 식의 위로를 건넬 것이다. "예수님은 세상의 빛이에요. 그걸 잊지 마세요. 앞이 캄캄해서 하나님이 보이지 않아도, 그분 눈에는 당신이 보인답니다."

'어둠'을 좋게 이야기하는 사람을 본 지가 언제인지 기억도 나지 않는다. 사람들이 어둠에 대한 두려움을 너무 당연하게 생각하기 때문에 어둠의 정의를 몇 번이고 다시 내려야 한다. 어둠은 죽음이나 영적 위험과 동의어가 아니라고 반복해서 설명해줘야 무의식적으로 그 등식으로 되돌아가지 않을 것이다. 마치 사람들이 머릿속에 어둠을 기본으로 설정해놓고, 태양이 뜰 때마다 자동으로 재설정하는 것만 같다. 환한 대낮에는 알지 못하는 것에 대한 두려움, 미래에 대한 걱정, 무능함에 대한 혐오, 죽음에 대한 끝없는 공포 등 자신의 어두운 부분을 숨기기에 어둠만 한 것이 없다.

어둠이 정말로 이런 유령들을 끄집어낸다면, 대낮에 우리의 주의를 분산시켰던 여러 활동들이 자연스레 멈췄기 때문이지 않을까 싶다. 대신 해가 지면 다른 종류의 자연스러운 일이 벌어진다. 더 느리고 고요하고 촉각을 자극하는 밤의 리듬이 낮 동안 닫혀 있던 문을 열어준다. 이 문 뒤에는 무시무시한 것들도 있지만, 굉장히 아름다운 것들도 있다. 누구나 조금만 연습하면, 모든 문은 같은 방으로 열린다는 사실을 배울 수 있다. 하나님은 이사야 선지자를 통해 이렇게 말씀하신다. "나는 빛도 짓고 어둠도 창조하며 나는 평안도 짓고 환난도 창조하나니" (사 45:7).

대다수 사람들이 어둠을 이야기하는 내용을 보면 어둠은 전혀 다른 신에게서 왔다고 생각할지도 모르지만, 아니다. 사람이 산다는 것은 햇볕도 쬐고 달빛도 받고, 걱정하기도 하고 기뻐하기도 하고, 한계를 인정하기도 하고 초월하기도 하고, 내려가기도 하고 올라가기도 하며 사는 것이다. 이 중 절반만 원하면 인생도 절반만 원하는 셈이다. 그런 사람들은 세상은 밝고 환한 곳이어야 한다는 희망적인 환상을 어둠이 방해하지 않도록 나머지 절반은 차단한 채 살아간다.

교회에서 습득한 형이상학적 어둠에 대한 공포보다 물리적 어둠에 대한 호기심이 앞서기는 했지만, 나 역시 어둠의 위험을 모르는 바 아니다. 응급실과 교도소에서 일한 경험도 있고, 사형선고를 받은 재소자를 만난 적도 있고, 야생동물이 어슬렁거리는 야외에서 텐트를 치고 잔 적도 있다. 나는 밤에 흉악한 범죄를 당한 적은 없지만 그런 경험을 한 사람들을 몇 알고 있다. 그런 일을 겪고서, 잘 훈련된 셰퍼드를 꼭 데리고 다니는 사람도 있고, 총을 산 사람도 있었다. 나라면 어쩔지 아직은 잘 모르겠다. 어둠 때문에 생명의 위협을 느낀 적은 있어도, 내게 해를 끼치려고 작정한 사람을 만난 적은 한 번도 없었으니 말이다.

한번은 노스캐롤라이나의 휴양지 아우터뱅크스에서, 밤에 부둣가를 걷다 발을 헛디디는 바람에 4미터 아래에 있는 못이 박힌 유목流木에 떨어진 적이 있다. 누워서 숨을 고르고 있자니, 바닷소리에 이끌려 노란색 테이프를 밟고 지나간 기억이 났다. 지난번 허리케인 때문에 부두 절반이 유실되었다는 경고였다. 문득 그런 생각이 들었다. 어둠 속을 걷는 법을 배우는 것은 단순한 허세가 아니라 실질적인 기술을 배우는 것일지도 모른다고.

내가 사는 농장은 가장 가까운 교통 신호등이 15킬로미터나 떨어져 있을 정도로 외진 곳이었기 때문에 농장의 동물들에게 어둠이 얼마나 위험할 수 있는지 잘 안다. 밤에 깜빡 잊고 닭장 문을 닫지 않으면, 아침에는 한 마리도 남아 있지 않을 확률이 높다. 어느 날 밤에는 너구리 떼가 우리 집 닭 여남은 마리를 습격하는 바람에, 흩날린 깃털 흔적을 따라갔다가 숲 속에서 처참하게 죽은 수탉을 발견한 적도 있다.

붉은여우나 들개가 숨어들 때도 있다. 닭이 사람이라면 잦은 습격에 총을 샀을지도 모를 일이다. 하지만 우리 농장에서 밤에 일어난 가장 끔찍한 일은 따로 있었다. 달걀을 거두러 가는 길이었다. 닭장을 훤히 알고 있으니 손전등은 딱히 필요 없었다. 나는 닭장에 들어가 닭들에게 인사를 건네고 그날 낳은 달걀을 주워 담기 시작했다.

창문으로 희미한 달빛이 비쳤다. 달빛을 음미하면서 첫 번째 상자에 손을 집어넣었다. 달걀 세 개가 한 손 가득 들어왔다. 달걀을 앞치마에 담고 두 번째 상자에 손을 넣었는데, 지푸라기보다 차가운 것이 느껴졌다. '실수로 플라스틱 조각이 들어갔을까?' 가끔 그런 경우가 있어서 대수롭지 않게 생각하고 주변을 더듬었지만 달걀은 없었다. 손을 다시 빼내려는데 아까 만졌던 그 차가운 게 움직였다. 잠시 후, 똬리를 풀면서 닭장 철망 사이로 소리 없이 빠져나가는 커다란 검은 뱀의 머리가 눈에 들어왔다.

그날 밤 일을 떠올려보니, 지금이라면 가까이 가서 뱀을 좀 더 잘 관찰할 수 있을 것 같다. 그때 뱀은 아무 해를 끼치지 않았는데도 나는 꽤나 겁을 먹었다. 뱀의 행태를 생각해보면, 아마 뱀도 나만큼이나 겁에 질렸을 것이다. 그 뱀은 성경에 나오는 뱀과 달라서, 나를 꼬드겨 하나님께 불순종하게 만들고 나와 자손들이 내 죄로 영원히 고통을 받게 만들지도 않았다. 그 뱀은 프로이트의 뱀도 아니어서, 내 이드id가 얼마나 강한지 말해주지도 않았다. 그저 배가 고파서 먹잇감을 찾아든 검은 뱀에 불과했다. 뇌가 어찌나 작은지 내게 고의로 해를 끼쳐야겠다는 생각이 들어갈 틈도 없어 보였다. 달걀을 보고 입을 벌린 뱀의 행동은 어두운 데서 차가운 몸체를 만지고 손을 거둔 내 행동만큼이나 자연스러운 것이었다. 오히려 내 두려움은, 볼 수 없기 때문에 더 생생해진, 상상력의 산물이었다.

'아라펠'의 가난한 사촌에 불과했지만, 그 어둠이 내게 안겨준 의문이 몇 달 동안 머릿속에서 떠나지 않았다. 어둠에서 달아날 때, 우리가 과연 무엇에게서 도망치고 있는지 우리는 얼마나 알고 있을까? 어둠 속에 뭐가 있는지 모르기 때문에 어둠을 피하려고 수단 방법을 가리지 않고 어둠에서 돌아선다면, 우리가 하나님에게서 도망치고 있을 가능성은 없는 것일까?

모세는 누구보다 하나님을 잘 알았지만, 그렇다고 하나님이 특별히 그를 봐주시지는 않았다. 산은 곧 폭발할 것처럼 흔들리고 산꼭대기

구름이 너무 짙어서 모세도 그 안을 볼 수가 없었다. 하나님은 그 안을 보려는 사람은 죽을 것이라고 말씀하셨다. 그래도 모세는 갔다. 남은 평생 모세에게 하나님은 여전히 알 수 없는 신비로 남았지만, 그는 그분의 어둠을 온전히 떠안고 그 어둠을 전하며 살았다. 전염병, 홍해가 갈라진 사건, 광야의 구름기둥과 불기둥 등 산전수전을 다 겪은 후, 하나님은 모세가 약속의 땅에 들어가는 걸 막으셨다. 하나님은 마지막에 이렇게 말씀하셨다. "네가 … 믿음 없는 행동을 하고 … 너는, 내가 이스라엘 자손에게 주는 저 땅을 눈으로 바라보기만 하고, 그리로 들어가지는 못할 것이다"(신 32:51-52, 새번역).

이런 이야기와 "하나님은 사랑이시라"라는 널리 알려진 문구를 연결하기란 쉽지 않다. 하나님께 화창한 주말 날씨와 안전한 여행길을 거침없이 요구하는 사람들에게, 모세라면 뭐라고 말할까? 모세의 하나님은 인자한 할아버지도, 아이들이 다치지 않게 보호하면서 재미있는 곳으로 데려다주는 도깨비도 아니다. 모세의 하나님은 거룩하시다. 산에 올라 하나님이 임재하시는 먹구름 가운데 들어가려는 사람들에게, 모든 위험을 감수하고 어떤 보상도 바라지 않는 사람들에게, 돌아와서는 구름 속 눈부신 어둠이면 충분한 보상이라고 말하는 사람들에게, 안전벨트나 안전 장비를 제공하시지 않는다.

내 방 창밖으로 보이는 달은 늘 모양이 바뀐다. 서서히 이지러지기 시작하여 완전히 사라지기까지 2주가 걸린다. 오른쪽에서 왼쪽으로

이지러지면서, 태양에 가까이 다가갈수록 빛을 잃다가 결국 얼굴이 완전히 사라진다. 나도 달을 가이드 삼아 움직이며, 내면과 외부 공간은 어떤 관계가 있을까 궁금해한다. 외부의 어둠이 우리가 내면의 두려움을 쌓아두는 구름이라면, 인류가 축적한 어둠에 대한 공포로 현실 세계는 얼마나 많은 고통을 당하고 있는 걸까? 내면의 안정을 얻기 위해 꼭 필요한 일을 하는 대신, 이 세상을 밝혀줄 엔진에 연료를 제공하기 위해 우리는 얼마나 많은 돈을 쏟아붓고 있는 걸까?

빛 공해

  과도한 빛의 부작용에 대해 배워야 할 사람이 있다면 굳이 멀리 갈
필요도 없다. 시골 도롯가에 새로 문을 여는 주유소들이 졸린 운전자
들의 시선을 끌려고 내세우는 조명 때문에 수많은 별이 사라지고 있
으니 말이다. 그게 무슨 대수냐고? 두 가지 이유에서 중요한 문제다.
첫 번째 이유는, 이제 미국 인구의 3분의 2는 로마 시인 오비디우스가
2천 년 전에 노래했던 은하계를 볼 수 없게 되었기 때문이다. 이게 별

문제가 아니라고 생각하는 사람은 머리 위로 작은 별들이 들판에 흩뿌려진 듯한 은하수를 본 적이 없기 때문일 것이다. 비록 눈으로라도 그 들판에 누워 본 적이 있다면, 며칠 동안 당신을 아찔하게 만들 그 세계가 궁금해질 수밖에 없다. 그 별들 끝에는 뭐가 있을까? 우주의 끝은 어디일까? 우주 너머에는 무엇이 있고, 또 이런 것들을 궁금해하는 나는 누구일까? 우주에서 자신의 자리가 어디인지 의구심이 들 때 은하수를 바라보는 것도 좋은 방법이다.

밤을 밝히는 데 따르는 대가를 경계해야 하는 두 번째 이유는, 내면 세계와 외부 세계가 밀접하게 연관되어 있기 때문이다. 당신의 마음 상태를 알고 싶다면 당신이 사용하는 책상을 보라. 당신이 어둠을 편하게 생각하는지를 판단하려면, 밤에 조명을 얼마나 밝히는지를 보라. 방마다 하나씩이면 충분한지, 아니면 더 많이 켜두는지? 집 안만 환하면 괜찮은지, 아니면 마당까지 환해야 맘이 놓이는지? 외부의 어둠을 얼마나 편하게 느끼는가 하는 것은 내면의 어둠을 어떻게 느끼는지를 보여주는 훌륭한 지표다.

몇 해 전 〈내셔널 지오그래픽〉 표지에 시카고의 밤 시간대를 찍은 항공 사진이 실렸다. 도시는 검은 바다 위 굴착 장치처럼 환하게 빛나고 있었다. 사실은 수많은 굴착 장치처럼 빛났다는 말이 맞겠다. 건물 내부 조명과 외부 조명, 가로등, 신호등, 전조등, 브레이크등, 유도등, 경보등이 구획을 가득 메우고 있었다. 유리에 반사된 빛, 광택 나는 돌에 반사된 빛, 물에 반사된 빛, 매끄러운 도로 표면에 반사된 빛. 그리고 그만큼 근접해서 볼 수만 있다면, 수많은 사람들의 눈동자에 비친 빛도 있었으리라.

드넓게 펼쳐진 인공조명 중앙에 "밤의 종말, 우리에게 어둠이 필요한 이유"라는 머리기사가 커다란 검은 글씨로 구멍을 냈다. 잡지를 들춰 보니 〈뉴욕 타임스〉 사설 기고가 베르린 클린컨보그가 쓴 "사라진 밤"이라는 제목의 글이 있다.[1] 기사의 논지는 밤은 아름답기만 해서는 안 된다는 것이었다. 어둠은 빛만큼이나 인간의 신체 건강에 필수 요소다. 잘 자기 위해서만이 아니라 잘 살기 위해서도 충분한 어둠이 필요하다. 기상과 수면이라는 신체 리듬은 낮과 밤이라는 자연 주기와 매우 비슷한데, 이 리듬은 신체의 화학작용부터 관계에 이르기까지 모든 면에 영향을 미친다. 이 리듬을 조작한다는 건, 인간이 불을 켤 때 눈동자가 수축되는 모든 생명체의 건강을 조작하는 셈이다. 그렇다면 밤을 밝히기로 한 인간의 결정, 즉 우리가 사는 세상에서 어둠을 몰아내어 모든 생명체가 고통받는 데까지 이른 이 상황은 과연 어떤 결과를 불러올까?

생물학을 배운 사람이라면 다 알듯이, 인간은 주행성 동물이다. 인간의 눈은 밝은 데서 생활하기에 적절해서 밤에 야외 활동을 하려면 조명이 필요하다. 반면 우리가 전조등이나 손전등 빛으로 관찰할 수 있는 많은 동물들은 야행성이라서, 어두운 데서 생활하기 적절한 눈을 가지고 있다. 이런 동물들은 빛이 거의 없어도 보는 데 문제가 없다. 인간의 독특한 필요에 맞춰 물질세계를 조정한 주체는 동물이 아니라 바로 우리다. 인위적인 빛으로 밤을 밝혀서 어느 시간이고 잘 볼 수 있게 되었다.

내가 사는 마을에 이사 온 이웃이 저지를 수 있는 최악의 행동은 새로운 보안등을 설치하여 별을 꺼뜨리는 것이다. 그 사람들은 도대체 무엇이 두려운 것일까? 조명이 있든 없든, 주머니쥐는 당신네 현관에 나타나 고양이 먹이를 훔쳐 먹고, 사슴은 당신네 정원에 가장 먹음직한 잎들을 잘 볼 수 있게 해줘서 고맙다고 할 것이다. 그렇지만 보안등에서 흘러나온 빛은 별똥별이 떨어지는 밤에 동네 마실 나가는 즐거움이나, 휘황찬란한 조명 틈바구니에서 긴 여행을 마치고 고즈넉한 집으로 돌아오는 즐거움을 망칠 수도 있다.

어쩌다가 하루에 공항 세 군데, 고속도로 두 군데를 돌고, 러시아워한 시간을 통과하기라도 한 날엔, 우리 마을 어둑한 도로로 접어드는 길이 그렇게 반가울 수가 없다. 크게 심호흡을 하면서 깨끗한 공기를 들이마신다. 창문으로 들어오는 상쾌한 바람에 피부가 간질거리고, 마주 오는 트럭들 때문에 긴장했던 근육이 풀어지면서, 덩달아 기분까지 좋아진다. 차창 밖으로 올빼미가 날아가고, 밤에 피는 꽃처럼 내 영혼이 숨어 있던 곳에서 활짝 모습을 드러낸다. "안녕, 반가워" 하고 숲 속 환영 인파에 인사를 건넨다. 내가 집에 왔음을 알려주는 그 밝은 눈동자들에게 인사한다.

그런데 이 여유로운 밤놀이는 새로 이사 온 이웃집 앞에서 끝난다. 이 집에 달아놓은 보안등이 어찌나 밝은지 눈이 부셔서 손으로 그늘을 만들어야 할 정도다. 내 영혼도 가리개를 찾는다. 다시 공항으로, 고속도로로 돌아온 기분이다. 그들이 불빛으로 몰아내고 싶었던 것이 뭐든 간에, 그 사람들이 그것을 두려워하는 마음만큼이나 내 어둠을 훔쳐간 그들에게 울컥 화가 난다.

물론 이런 분노가 사치라는 건 안다. 정작 우리 집에 조명이 없다면 많이 아쉬울 테고, 세상에는 가난과 어둠이 동의어인 곳이 많다는 것도 안다. 전기가 없는 곳에서는, 전기만 있다면 얼마든지 예방할 수 있는 원인으로 사람들이 일찍 죽기도 하고, 도시 여자들이 스위치 하나만 누르면 될 일을 손수 하느라 하루 종일 노동에 시달리기도 한다. 시골에 아직 전기가 들어오지 않던 시절, 미국 소설가 제임스 에이지는 앨라배마 주의 어느 공동묘지에서 정찬용 접시와 버터 접시, 도자기 바구니로 꾸며진 여자들의 묘를 보았다. 다른 묘에도 생전에 꿈꿨지만 갖지 못했던 물건들이 놓여 있었다. 어느 묘에는 무덤 한가운데 붉은 점토에 수명이 다 된 전구를 꽂아놓은 것도 있었고, 청록색 유리 애자 碍子를 놓아둔 묘도 두어 군데 눈에 띄었다.[2]

지구에서 가장 환한 곳은 사람들이 많이 사는 곳이 아니라 부자들이 사는 곳이다. 밤을 밝힐 수 있는 돈과 권력이 있는 곳에 어둠이 설

땅은 없다. 그래서 이런 자원이 있는 우리가 밤을 무서워하는 어둠공포증을 다루는 것이 중요하다. 어둠공포증nyctophobia이라는 단어는 카오스의 딸이자 밤의 여신 닉스Nyx에서 유래했는데, 닉스는 그리스 신들 중에서도 가장 무서운 초기의 신이다. 닉스가 하는 일은 낮이 끝날 즈음 흑마 두 마리가 끄는 전차를 타고 하늘을 건너가 밤의 장막을 치는 것이었다. 닉스가 낳은 자녀들의 이름은 어머니의 성품을 드러내는데, 잠의 신, 죽음의 신, 꿈의 신, 불화와 분쟁의 여신, 운명의 여신이 있고, (경우에 따라서는) 에로스도 포함된다.[3] 닉스는 이 자녀들을 거의 다 홀로 잉태했고, 다른 신과의 사이에서 낳은 자녀는 빛의 신과 낮의 여신 둘뿐이다. 따라서 창세기처럼 그리스 신화에서도 빛보다 어둠이 먼저다.

닉스의 족보는 인류가 아주 오래전부터 밤을 죽음 등과 연관 지어 생각해왔다는 것을 알려준다. 지금도 의사들이 '수면중돌연사증후군SUNDS'이라는 진단을 내리는 때가 있는데, 렘REM 수면 중에 극심한 공포로 심실세동이 와서 죽는 경우다.[4] 하지만 대다수 사람들은 닉스의 자녀들이 그런 이름을 얻은 이유를 알기 위해 거기까지 갈 필요도 없다. 한밤중에 깨어 다시 잠 못 드는 밤, 카드 대금부터 노후 걱정까지 무수한 고민이 우리를 괴롭힌다. 아침에 일어나면 침대 옆에 붙여둔 할 일 목록이 눈에 들어올 때가 있다. 유방암 검사, 고양이 동물병원 데려가기, 유언장 수정, 냉장고 청소, 연금액 인상 신청, 기도, 세금 납부, 인터넷 사이트 탈퇴 등. 닉스는 도대체 잠은 언제 잘까?

　그런 밤에 통하는 치료법이 한 가지 있긴 하다. 겉옷을 찾아 입고 밖으로 나갈 기운이 남아 있다면, 밤하늘이 날 치유해줄 것이다. 밤하늘은 다 잘될 거라고 마냥 위로하는 게 아니라, 우주에서 내 자리를 다시금 확인시켜준다. 인류가 수천 년간 봐온 그 별들을 보고 있노라면, 나보다 앞서 이 자리에서 별을 바라본 수많은 사람들의 맨 끝에 내 자리가 있음을 깨닫는다. 그들이 이름을 붙여준 덕분에 그때와 똑같은 별자리를 찾아낼 수 있다. 카시오페이아의 기우뚱한 '더블유'가 안드로메다를 가리키고 있고, 그 위로는 페가수스, 아래로는 페르세우스가 있다. 북두칠성의 국자를 가리키고 있는 소북두칠성 손잡이에 북극성이 위치해 있다. 내가 이 땅을 떠난 후에도, 이 별들은 오랫동안 제자리를 지키면서 밤새 잠 못 이루고 밖으로 뛰쳐나온 이들에게 그들의 자리를 알려줄 것이다.

　중국계 미국 시인 리영리는 "모든 빛은 지각이다"라고 했다. 별빛이 우리 눈에 도달하기까지 얼마나 오랜 시간이 걸리는지를 다시금 떠올리게 해주는 말이다. 지금 보고 있는 별빛은 아주 오래전에 사라진 어느 죽은 별에서 왔는지도 모른다. 별은 몇 광년이나 멀고, 은하계는 그보다 수백만 배는 더 떨어져 있다. 시에 리영리가 있다면, 천문학에는 쳇 레이모가 있다. 그는 내가 우리 집 뒷마당에 있는 망원경으로 '퀘이사 3c 273'을 관측할 수 있다면 무려 15억 년 전에 출발한 빛을 보는 셈이라고 말한다.[5] 그에 비하면 태양은 갓난아기다. 은하계가 첫 번째 태양을 내놓기 전에, 이미 수많은 별이 타올랐다 사그라졌다.

세월이 흘러, 이제 수소, 탄소, 산소, 철 등 지구 상의 모든 원자는 내가 쳐다보고 있는 하늘에서 온다. 이 원자들이 히말라야 최고봉에서부터 내 뼈까지 모든 것을 구성하는 기본 요소다. 다른 방식으로 영생을 상상하기 힘들다면, 탄소 원자에서 시작할 수 있을 것 같다. 과거로부터 이 세상에 존재한 모든 탄소는 아직도 여기 어딘가에 있기 때문이다. 바닷속에 자리 잡기 전에 바위에서 시간을 보냈을 수도 있고, 잠시 대기 중에 있다가 식물이나 인간의 몸으로 이동했을 수도 있다. 그 물체가 흙이 되든 불이 되든, 탄소는 한동안은 산소 원자와 나중에는 질소나 수소와 결합하면서 계속 살아남을 것이다.

각각의 원자는 하늘에서 땅으로 왔다. 레이모의 말대로라면 내 연필심은 '중국산'인 동시에 '오리온산'이다.[6] 나와 내가 사랑하는 모든 것은 별의 용광로에서 탄생했다. 그 과정이 얼마나 불가해하고 생명을 주는 은혜로 가득한지 내가 처음에 했던 걱정들은 아주 하찮게 생각되었다. 다행히 겉옷을 걸쳐 입고 밖으로 나갈 여력이 있어서, 이제 다시 잠자리에 들 수 있다. 별들이 온 하늘을 수놓고 세상은 평화롭다.

밤에 대한 두려움이 인간에게만 영향을 미친다면 그런대로 공평하다고 할 수 있다. 하지만 인간의 어둠공포증은 어둠을 쫓기 위해 발명한 빛이 미치는 범위 안에 있는 모든 생명체에 영향을 준다. 몇 년 전

우리 부부는 컴벌랜드 섬의 모래언덕을 여행한 적이 있다. 대서양과 남부 조지아 주 사이에 위치한 평행사도平行砂島였다. 남편은 오래전에 죽은 상어의 화석화된 이빨을 찾고 있었고, 나는 가시가 있는 잡초를 피하느라 여념이 없었다. 그렇게 발끝만 쳐다보며 한참을 걷던 우리는 갑자기 거대한 붉은바다거북을 발견하고는 깜짝 놀랐다.

거북은 아직 살아 있었지만 백주의 태양에 노출된 등껍질은 손대기 힘들 정도로 뜨거웠다. 무슨 일이 있었을지 짐작이 갔다. 밤에 알을 낳으러 해안으로 올라온 거북은 일을 마치고 주변을 둘러봤을 것이다. 붉게 물든 수평선을 따라 바다로 돌아가려 했을 텐데, 본토의 아른거리는 불빛을 하늘이 비친 바다로 착각해 엉뚱한 곳으로 향한 것이다. 모래 위에 난 자국으로 보아, 그렇게 한참을 가다가 지느러미발이 모래에 묻혀 더 이상 움직이지 못한 것 같았다. 발견 당시 거북은 이미 절반쯤은 태양에 익어버린 상태였지만 한쪽 눈을 뜨고 우리를 올려다볼 기력은 있었다.

남편이 관리소로 뛰어간 사이, 나는 시원한 모래로 거북을 덮어주었다. 한 시간쯤 뒤, 거북을 뒤집어 앞다리를 타이어체인으로 묶고는 공원 관리청 차량이 바다 쪽으로 옮기기 시작했다. 모래언덕이 높아서 옮기는 동안 거북의 입에 모래가 가득 들어가고, 몸에 눌린 목은 심하게 구부러져서 부러지지는 않을지 걱정스러웠다. 드디어 차량이 물가에 도착했다. 우리 부부는 관리인이 사슬을 풀고 거북을 뒤집는 걸 도

왔다. 그리고 거북이 파도에 몸을 싣고 가만히 흘러가는 모습을 지켜보았다.

파도가 칠 때마다 거북은 조금씩 생기가 돌았다. 눈에서 모래가 씻겨나가고 등껍질은 다시 반짝반짝 빛났다. 유난히 큰 파도가 밀려오자, 거북은 고개를 꼿꼿이 들고 뒷다리를 움직이려 했다. 그다음 파도에 거북은 발 디딜 곳을 찾아 힘차게 발을 밀었다. 그렇게 거북은 자기 집으로 돌아갔다. 모래언덕의 악몽을 뒤로하고 여유롭게 헤엄치는 거북을 보면서, 때로는 우리 인생을 뒤흔들어놓는 손이 우리를 죽이려는지 살리려는지 구분하기 어렵다는 생각이 들었다.

관리인이 말했다. "살아서 돌아가는 거북도 있고, 그렇지 못한 거북도 있어요. 이 녀석이 운이 좋은지 나쁜지는 이듬해까지는 모르죠."

"무슨 말씀이시죠?" 하고 내가 물었다.

"저 녀석이 또다시 알을 낳으러 오면, 그제야 무사히 돌아갔구나 하고 알 수 있으니까요." 하지만 다음번에는 누가 저 녀석을 도와줄 수 있을까? 본토의 조명은 그대로일 텐데, 아니, 페리로 돌아오는 길에 지나는 새 쇼핑몰 때문에 어쩌면 더 밝아질 텐데 말이다. 거북이 낳은 알이 부화하면, 바닷새와 게들이 낙오한 새끼들을 노리는 와중에도 새끼들은 본능적으로 바다 쪽으로 움직일 것이다. 하지만 갓 부화한 새끼들도 어미처럼 혼동할 수 있다. 인간 때문에 자체 내비게이션 시스템에 오류가 발생한 이 거북들에게 과연 희망이 있을까?

새들도 마찬가지다. 바닷새들은 석유 굴착 구조물 주위를 맴돌다 지쳐 떨어지고, 도시의 불빛을 쫓아간 내륙 지방 새들은 정신을 잃고 휘황찬란한 건물에 부딪히곤 한다. 캐나다 토론토 길거리에서 석 달간 모은 89종의 천 여 마리 새들을 싼 흰 방수포 주변으로 초등학생들이 모여 있는 모습을 담은 전면 사진이 〈내셔널 지오그래픽〉에 실린 적이 있다. 아마추어인 내 눈썰미로 봤을 때, 자그마한 노란 새들을 빽빽이 세운 줄이 최소한 일곱 줄은 될 정도로 오색방울새가 압도적으로 많았고, 주홍도요새 스물두 마리, 붉은머리딱따구리 열다섯 마리, 울새 열 마리, 큰어치 일곱 마리, 플리커 여섯 마리, 홍관조 세 마리, 외로운 호반새 한 마리였다.

도시의 불빛이 새들에게는 좋지 않지만 그래도 인간에게는 유익하다고 생각할 수도 있다. 하지만 다른 種에게 미치는 빛 공해의 부작용을 연구하던 과학자들이 이제는 인간에게 미치는 생물학적 영향도 연구하기 시작했다. 이 과학자들에 따르면, 우리는 지난 200년간 인간을 대상으로 그 누구도 허가하지 않은 무제한 실험을 진행해온 셈이다.

해가 져서 불을 켤 때마다, 눈과 피부의 수용체는 하던 일을 멈추고 새날을 맞을 준비를 하라는 메시지를 부신과 뇌하수체, 솔방울샘에 전달한다. 1초당 60-120회 깜빡이는 형광등 불빛과 컴퓨터 화면은 곧 해가 뜬다고 인간의 뇌를 속일 수 있을 정도다. 핸드폰 충전기나 형광 시계의 불빛은 인체에 이미 아침이 왔다는 신호를 보낸다. 그러면 부신은 일상적인 낮의 스트레스를 처리하기 위해 혈류에 더 많은 아드레날린을 내보내기 시작하고, 뇌하수체에는 밤중에 근육과 뼈를 정비하는 데 사용하는 성장 호르몬을 거둬들이라고 명령한다. 솔방울샘에는 수면을 관장하는 멜라토닌 생산을 중단하라는 신호를 준다. 수면제가 잘 팔리는 건 당연한 일이다. 침대 옆에 작은 등을 켜놓으면 화장실 오가는 길이 안전할지는 몰라도, 몸의 화학 작용을 교란할 수 있다.

만성 수면부족은 혈압 상승과 혈당 상승, 면역체계 약화, 궤양과 심장질환 위험 상승, 기억 상실, 식욕 상승 등을 불러온다. 핵 사고는 모두 야간 근무 시간에 발생했다. 1989년 엑슨 발데스호 기름 유출 사고도 마찬가지다. 미국 도로교통안전국에 따르면, 매년 운전자 피로로 인한 교통사고는 10만 건, 사망자는 1,500명에 달한다. 밤샘 근무를 하는 인턴들은 검사 결과를 잘못 해석할 가능성이 두 배나 높아서 환자에 대한 처방이 잘못될 확률이 높다는 연구 결과도 있다.[7] 야간 근무자의 이혼율은 전국 평균보다 10퍼센트가 높고,[8] 야간 근무를 하는 여성들은 유방암 발병률이 50-70퍼센트 높게 나타난다.[9]

생태계 붕괴, 야맹증, 수면부족, 원자력 안전성, 정신 및 신체 건강 등 모든 것을 고려해보면, 우리는 어둠에 대한 두려움 때문에 너무도 큰 대가를 지불하고 있는 셈이다. 그런데도 어떤 사람들은 인공조명이 없으면 어둠이 못된 일을 저지르는 온갖 사람들을 덮어주기 때문에 내가 사는 시골은 물론 도시도 밤에 훨씬 더 위험해진다고 주장한다.

나도 제인 브룩스의 《인간이 만든 빛의 세계사*Brilliant*》를 읽기 전까지는 그렇게 생각했다. 이 책의 저자는 조명이 사람들 생각만큼 범죄를 억제해주지 못한다고 말한다. 1990년대에 시카고 도로위생국은 골목길 조명을 90와트에서 250와트로 올리기로 결정했다. 두어 달 후, 오히려 폭력 범죄가 14퍼센트, 재산 범죄가 20퍼센트, 약물 남용이 51퍼센트 늘었다는 결과가 나왔다. 물론 이 수치를 해석하는 방법은 다양하다. 실제로 범죄가 증가한 것일까? 아니면 동네가 밝아진 덕에 범죄를 목격하고 신고하는 비율이 높아진 것일까? 밤에 사람들의 외출이 늘었는데, 밝아진 조명 때문에 상대적으로 안전하다고 착각하고 경계심을 늦춘 것은 아닐까?

브룩스는 조명과 안전의 상관관계를 완벽하게 파악하기는 어렵다고 말한다. 조명의 실제 효과와 우리가 기대하는 효과가 다르기 때문이다. 환한 보안등이 우리를 안전하게 지켜줄 수 있다고 믿는 한, 그것을 반증할 수 있는 통계를 아무리 제시한다 해도 소용이 없다. 안전하다는 느낌은 절대적이 아니라 상대적이다. 안전감은 개인사와 환경, 불안 수준, 세계관과 연관이 깊다. 어느 정도나 밝아야 안전하게 느끼느냐 하는 것은 우리가 어디에 있는지, 어떻게 느끼는지에 따라 하루에도 몇 번씩 바뀔 수 있는 움직이는 목표물이다.

브룩스는 이런 상대성을 고려할 때 "우리 선조가 어둠 때문에 방해를 받은 것 이상으로 우리는 빛 때문에 방해를 받고 있지 않은지"의심해볼 여지가 충분하다고 말한다.[10] 건강하려면 어둠이 꼭 필요하다. 어둠이 부족하면 빛 때문에 병에 걸린다. 게다가 밤을 두려워하는 인간 때문에 지구의 모든 생명체가 그 대가를 같이 치르고 있다. 이 대목까지 읽고서 책을 덮고 침대 옆 조명을 껐다. 어둠은 잠시뿐, 핸드폰 충전기, 프린터 전원 버튼, 라디오 주파수, 디지털 시계 등 사방에서 나를 바라보는 작은 눈이 보인다. 거기에다 컴퓨터가 자고 있다고 표시해주는 불빛까지. 온갖 불빛이 깜빡깜빡 숨 쉴 때마다 오르락내리락하며 벽에 거대한 그림자를 드리우고 있는데, 어째서 이것을 어둠으로 착각했던 걸까?

컴퓨터를 깨웠다가 다시 끄고, 다음날 아침에 시계를 다시 맞추는 번거로운 과정을 거쳐야 하겠지만 플러그를 하나씩 뽑는다. 그러고는 닉스처럼 집 안을 거닐면서 어둠의 커튼을 드리운다. 불을 다 껐는데도 내 안팎에는 여전히 많은 빛이 남아 있다. 즉석에서 내 아이들의 이름을 다시 붙여보기로 한다. 쉼, 고요, 별의 족속, 느림, 휴전, (사람에 따라서는) 눈부심까지. 이 아이들을 알고 싶다면 지금이 적기다. 내가 할 일은 그 자리에 앉아 그들을 돌려보내는 게 아니라, 이번만큼은 반가이 맞이하는 것이리라.

어두운 감정들

자신의 어둠을 아는 것이야말로 타인의 어둠을 다루는 최선의 방법이다.

카를 융

사람마다 어둠을 체험한 개인사는 다르지만, 다들 침대라는 공통점이 있는 것 같다. 대다수 사람은 침대에서 밤 시간을 보낸다. 침대에서 잠을 자고 꿈을 꾼다. 원치 않는 시간에 깨어서 생각하고 싶지 않은 것들을 계속 곱씹는 경우도 있다. 그래서 침대 옆 탁자에 다시 잠드는 데 도움이 될 만한 것들을 갖다놓기도 한다. 책을 들었다가, 혼자 하는 카드 게임을 했다가, 둘 다 효과가 없으면 백색소음을 틀었다가, 그마저도 효과가 없으면 수면제를 복용한다.

밤 시간의 침대가 도대체 뭐길래? 낮 시간에는 침대에 아무 문제가 없다. 한가한 토요일 오후에 낮잠을 즐길 때는 자다가 깨서 얼마나 더 살 수 있을지 걱정하지 않는다. 독감 때문에 낮에 침대에 누워 십자말풀이를 할 때는 늙어서 쓸모없게 됐을 때 누가 날 돌봐줄지 걱정하지 않는다. 그런데 한밤중에 깨서 다시 잠을 이루지 못할 때는 골치 아픈 생각들이 마구 떠오른다.

나도 그렇게 자다 깰 때가 있는데, 깨고 나서 잠깐 동안은 괜찮다. 꿈은 꿈일 뿐이니까. 비행기를 놓친 것도 아니고, 깜빡 잊고 학기 내내 수학 수업에 빠진 것도 아니다. 여긴 내 침대고, 집 안은 고요하다. 아무 일도 없다. 그러다 문득 내가 자야 할 시간에 깼고 다시 잠들기 어렵다는 데 생각이 미친다. 특히 내가 생각하고 싶지 않은 것들을 생각하기 시작할 때 더 잠들기 힘든 경향이 있는데, 이제 막 그런 생각이 떠오르기 시작한 것이다. 그럴 때면 어둠의 천사가 방에 들어와 내 침대 맡에 앉는 게 느껴진다. 그 천사가 닉스일 수도 있지만, 내 생각에는 아닌 것 같다. 남자인지 여자인지는 잘 모르겠지만, 밤의 여신보다는 내가 원치 않는 감정들을 반추할 때 곁을 지켜주는 하늘의 수호자 같은 느낌이다.

밤중에 깰 때마다 침대에서 계속 굴러서 이불을 붕대처럼 온몸에 칭칭 감는 친구가 있다. 어느 날 밤, 이불을 다 빼앗긴 아내가 이불을 홱 잡아당기면서 그 친구에게 얼른 자라고 말했단다.

"잠이 안 와." 그 친구가 대답했다. "하나님이 날 괴롭히고 계신 것 같아."

아내가 대꾸했다. "하나님이 나는 안 괴롭히시는데? 일어나서 기도나 해. 여기 말고 딴 데 가서."

기도가 좋은 방법일 수도 있지만, 그저 다시 잠들게 해달라고 기도하는 것은 또 다른 회피일 수 있다. 이런 감정에서 구해달라고만 하지 말고 내 감정을 신뢰하는 법을 배워보면 어떨까? 내가 두려워하는 것 중에서 한 가지를 끝까지 쫓아가보면 어떨까? 생각지도 못한 놀라운 결과가 있을지도 모른다. 무엇보다도, 온갖 근심 걱정을 서둘러 밀어내지 않고 그 가운데 머무는 법을 배울 수 있다면 어떨까?

낮에는 스스로에게 이런 질문을 던져볼 시간이 없다. 줄줄이 잡힌 약속을 따라다니고, 급한 이메일에 답장을 하고, 갑자기 아픈 개를 수의사에게 데려가고, 냉동실을 뒤져 저녁거리를 찾다 보면 하루가 다 간다. 낮에는 늘 급한 일에 쫓겨 다니느라 중요한 일은 뒷전이다. 해야 할 일들에 치여서 정작 그 일이 얼마나 중요한지 생각해볼 겨를도 없다. 하지만 한밤중에는 할 일이 별로 없다. 불을 끄고 침대에 누워 있으면, 어둠의 천사가 곧장 나를 찾아낸다. 싫어도 꼼짝없이 듣고 있어야 한다.

많은 사람이 하루 중 가장 어두운 시간을 보내는 곳이 침대이기 때문에, 나는 성경이 뭐라고 말하는지 찾아보기로 했다. 침대가 사랑을 나누는 목적으로 주로 사용되는 아가서를 제외한다면, 침대는 마음과 소통하는 곳(시 4:4), 고통으로 징계받는 곳(욥 33:19), 밤을 새며 묵상하는 곳(시 63:6), 눈물로 요를 적시는 곳(시 6:6)이다. 침대에서 생명을 잉태하고 출산하고 기도하고 꿈꾸고 울고 약해지고 죽는다. 누가복음 말씀처럼 침대에서 휴거를 경험하는 사람도 있을 것이다. "내가 너희에게 이르노니 그 밤에 둘이 한 자리에 누워 있으매 하나는 데려감을 얻고 하나는 버려둠을 당할 것이요"(눅 17:34).

간단히 말해, 침대에서 하나님과 얼마나 멀거나 가까운지를 직면하게 된다. 고통 가운데 있는 사람이든 아니든, 걱정이 많은 사람이든 아니든, 심지어 종교적인 사람이든 아니든, 우리는 침대에서 정말로 중요한 것을 맞닥뜨린다. 거기는 너무 어두워서 흔히 우리의 주의를 분산시키는 얄팍한 방해거리는 효과가 없기 때문이다. 원하면 불을 켤수도 있지만 인공조명뿐이다. 조명은 정말로 중요한 것과 만나는 순간을 조금 늦춰줄 뿐, 그 심판에서 영원히 구해주지는 못한다.

어둠 연구를 시작하고 두어 달쯤 됐을 때, 미리암 그린스펜이 쓴 《감정공부*Healing through the Dark Emotions*》라는 책을 발견했다. 저자는 30년 경력의 심리치료사인데, 심리치료사로 일한 지 10년쯤 되었을 때 큰아들 애런이 세상을 떠났다. 아이는 고작 생후 2개월, 아직 병원 문밖을 나가보지도 못한 상태였다. 자식을 먼저 보낸 아픔을 겪은 부모들이 그렇듯, 그녀는 밤마다 눈물 젖은 침상에서 잠이 들고 아침마다 눈물 젖은 침상에서 일어나면서도 어떻게든 살아보려고 안간힘을 썼다. 그렇게 몇 주가 가고 몇 달이 흘렀지만 미리암의 슬픔은 그대로였고, 주변 사람들은 그런 그녀의 모습을 힘들어했다.

'정신과 의사들의 바이블'로 불리는《정신장애 진단 및 통계편람 제4판*Diagnostic and Statistical Manual IV*》에 따르면, 가족을 잃고 슬퍼하는 환자들에게는 슬픔, 불면, 식욕 부진 같은 증상을 2개월간 허용하고, 이보다 더 길어지면 우울증으로 진단하거나 약을 처방할 수 있다. 그린스팬은 "인간의 유한성이라는 불변의 진리를 고려할 때 슬픔은 인간의 모든 감정 중에서 가장 필연적인 감정인데, 슬픔이 너무 오래가면 질병처럼 생각한다"고 지적했다.[1] 2차 세계대전 당시 홀로코스트에서 살아남은 그린스팬의 어머니는 그린스팬이 열 살이 되도록 심한 슬픔을 주체하지 못했다고 한다. 그린스팬은 대학살을 10년 동안 슬퍼하는 게 잘못인지 궁금해졌다.

이런 궁금증이 계기가 되어 그린스팬은 슬픔, 절망, 두려움 같은 감정들이 '어두운 감정'이라는 이름을 달게 된 까닭은 그 자체로 유해하거나 비정상이라서가 아니라, 서구 사회가 그런 감정들을 개인 파산이나 성적 일탈 같은 다른 수치스런 감정들과 함께 도매금으로 어둠 속에 가두었기 때문이라는 생각에 대해 검토하기 시작했다. 어두운 감정을 경험해본 사람이라면, 하루빨리 감정을 정리하고 일상으로 돌아가야 한다는 은근한 압력을 친구나 낯선 사람 가릴 것 없이 주변 사람들에게서 받아보았을 것이다.

심지어 그렇게 훅 털고 일어나지 못하는 사람은 믿음이 부족해서라는 말까지 듣는다. 믿음 좋은 사람이라면 침상에서 어둠의 천사를 몰아내고, 믿음과 신뢰와 찬양이 넘치는 빛의 천사를 불러들일 수 있어야 한다는 것이다. 그린스팬은 이것을 '영적 건너뛰기'라고 부른다. 어두운 감정을 충분히 소화하고 어둠의 천사를 영적 스승으로 받아들이는 것이 아니라, 종교를 빌미로 그런 감정들을 피해가는 것이다.

그린스팬에 따르면, '슬픔을 너그럽게 봐주지 못하는 성향'은 사람들이 우울증에 빠지는 흔한 원인이다. 대다수 중요한 문제는 어두운 감정을 견디지 못하기 때문에 발생할 뿐, 감정 자체가 문제는 아니다. 어둠을 견디기 힘들 때 사람들은 약물, 알코올, 쇼핑, 섹스, 과도한 텔레비전 시청이나 컴퓨터 사용 등 온갖 종류의 인공조명을 켠다. 그린스팬은 어두운 감정이란 건 없고, 다만 견뎌내기 어려운 감정들에 대처하는 숙련된 방식이 부족할 뿐이라고 말한다. 감정 자체는 우리에게서 무언가를 바라는(우리에게 경고하거나, 알아야 할 것들을 알려주거나, 마음을 둘러싼 얼음을 깨주거나, 행동을 유발하기 위한) 순수한 에너지를 전달하는 통로다.

두어 해 전 12월, 중요한 원고 마감을 앞두고 내 마음은 꽁꽁 얼어 있었다. 약속된 날짜가 다가올수록 더 일찍 일어나고 더 늦게 잠자리에 들면서 어두울 때 깨어 있는 시간이 늘어났다. 하루 14-15시간씩 종이에 글을 쏟아내느라 다른 일들은 다 뒷전으로 밀려났다. 이렇게 두 주쯤 지나자, 종이 위 글자들이 더 이상은 못 버티겠다고 사정을 했다. "저희도 좀 쉬게 해줘요. 집 밖에 나가서 산책도 하고 친구에게 전화도 걸고 샤워도 하세요. 우리도 좀 쉬자고요."

나는 "그럴 시간이 어딨어? 여기서 멈추면 안 돼. 계속 써야지" 하고 말했다. 얼마 못 가 글자들이 다 드러누워 꼼짝을 안 했다. 약을 뿌린 개미집의 개미들처럼 종이 위에 누워버렸다. 작고 검은 몸체가 불에 탄 수염처럼 다리를 웅크린 채 사방에 퍼져 있었다. 툭툭 건드려봤지만 미동도 없었다. 아직 끝나려면 멀었는데 정말 죽어버렸다. 어떻게든 일을 계속하고 싶은 마음에 글자들을 종이 이쪽저쪽으로 몰아보았다. 뻣뻣한 글자들을 단락 통째로 들어내서 다른 페이지로 옮겨보기도 해봤지만 소용없었다. 이미 글자에서 생명이 빠져나간 후였지만 그래도 멈출 수 없었다. 여기서 멈추면 구덩이에 빠져서 헤어나지 못할 것 같아 두려웠다. 그 구덩이에는 뭐가 있었을까? 알 수도 없고 알고 싶지도 않았다. 그곳은 컴컴했고, 내 안에도 빛은 없었다. 그제야 큰일 났다는 걸 깨달았다. 무덤 파는 사람이 묻은 시체를 다시 파헤쳤다 묻었다 하는 일을 온종일 반복한 듯한 심정이었다. 내 생각엔 구덩이에 빠지지 않으려면 그 방법이 유일했기 때문이다.

절망이라는 연기를 내뿜으며 언어의 재떨이를 털어 겨우 마감을 끝내고 나니, 이렇게는 더 이상 못 살겠다는 생각이 들었다. 이후로 두어 달 동안, 나의 내향성을 내려놓고 더 많은 사람을 품을 수 있는 공간을 만들기 위해 이전 같았으면 시시하게 생각했을 법한 일들을 했다. 새 친구를 사귀고, 요가 수업에 등록하고, 매일 아침 묵상으로 하루를 시작하고, 밤에는 역사소설을 읽으며 하루를 마감했다. 내 안에 자리한 큰 상처가 조금씩 아물어갔지만, 회복 속도가 얼마나 더디던지 그 그래프를 측면에서 보면 일회용 반창고를 눕혀놓은 것 같았을 것이다.

그린스팬의 표현을 빌리자면, 나는 견디기 힘든 우울감에 대처하는 더 좋은 방법을 찾았다. 슬픔을 무조건 막지 않고 자연스럽게 내 안에 흘러들어오게 하니, 그 슬픔이 나를 저 세상에 있는 사람들과 연결해주는 다리 역할을 했다. 그들 중에 슬픔을 모르는 사람은 없었다. 슬픔을 피해야 할 저주가 아니라 인간의 조건으로 여기는 이들도 있었다. 그들이 자신의 어두운 감정을 파도타기 하는 모습을 지켜보면서, 사람이 슬픔 때문에 약해지는 게 아니라는 사실을 알게 되었다. 오히려 슬픔을 애써 피하는 데 소모되는 에너지가 사람을 힘들게 한다.

그린스팬에 따르면, 나 같은 사람이 할 수 있는 최선의 방법은 감정을 몸의 감각처럼 생각하는 것이다. 이 연습을 하다 보니, 맨 처음 성공회 사제가 되었을 때 기억이 떠올랐다. 선배 사제의 감독하에 1년간 분별력 훈련을 하는 것부터 시작했다. 나를 포함해 사제 후보생 열두어 명이 한 그룹이 되어, 1년 동안 각종 중독자와 에이즈 환자, 노인들의 회복을 돕는 일을 했다. 때로는 윗사람들에게 좋은 인상을 남기려는 욕심이 과해서 오히려 해를 끼칠 때도 있었다. 그렇게 수습 기간이 끝나고 사제 서품을 받기에 적절한 사람과 그렇지 못한 사람을 가릴 때, 나는 탈락하고 말았다. 감독관은 내가 내 감정에 충분히 귀 기울이지 못했기 때문에 다음 단계로 가려면 1년 더 수습 기간을 거쳐야 한다고 말했다.

　며칠 후, 나는 내 감정과의 접촉점을 찾기 위해 흰 종이와 색연필을 챙겨서 주방 식탁에 앉았다. 먼저 종이를 한 장 꺼내 사람을 그리고 아래에 '분노'라고 썼다. 좋아, 분노는 어떤 느낌이었지? 검정 색연필을 꺼내 머리 주변을 윙윙거리며 맴도는 벌 떼를 그려 넣고 노란색으로 칠했다. 그다음에는 열이 바짝 오른 걸 표현하려고 머리를 빨갛게 칠했다. 다음으로는 상반신 전체에 불똥을 튀기는 갈색 전선을 그려 넣었다. 종이를 들고 전체적으로 그림을 훑어보니 분노의 느낌을 잘 표현한 것 같았다.

　다음으로는 '비참'을 표현하려고 했는데, 막상 종이에 적고 보니 '슬픔'이 더 적절한 단어 같았다. 슬픔을 표현하려고 가슴에는 자주색 눈물을 잔뜩 그려 넣고, 어깨는 아래로 축 늘어지게 했다. 회색 색연필로 몸통 정중앙에 작은 핵연료 소결체를 그리고 두 발은 납으로 채웠다. 그래도 뭔가 부족한 것 같아 슬픈 감정을 다시 떠올려보다가 뭐가 빠졌는지 알게 되었다. 슬픔은 마음에 있다. 슬픔이 커지면 더 아픈데도,

그것은 마음속에서 계속 돌아다니면서 점점 더 공간을 넓혀간다. 그래서 자주색 눈물방울과 회색 소결체 위에 빨강 하트를 크게 그렸더니, 하트와 비교해서 상대적으로 작아 보였다. 그런 다음에는 자주색 색연필로 내 이름을 적어 넣었다. "슬픈 바바라."

어두운 감정을 하나하나 살펴본 후에는 '기쁨'을 표현해보기로 했다. 가슴 정중앙에 환한 노란색 공을 그려 넣고, 황금색 빛줄기가 사방으로 퍼져 나가는 모습을 표현했다. 같은 색연필로 손가락에서도 빛줄기가 퍼져 나가게 그렸다. 발밑에는 초록색 지구를, 머리 주변에는 짙은 파란색 하늘을 그렸다. 친구가 필요해 보여서 지구와 하늘 사이에 자그마한 막대 사람을 여럿 그려 넣었다. 그 사람들에게서도 빛이 쏟아져 나와 각각의 몸에서 나온 후광이 종이를 가득 메웠다.

이렇게 계속 그림을 그리다 보니 종이는 거의 다 떨어지고, 냉장고에는 초등학교 2학년짜리가 그린 듯한 그림이 여러 장 나붙었다. 밤의 일을 살펴보면서 가장 먼저 발견한 사실은, 감정은 머리에서만 일어나지 않는다는 점이었다. 감정은 뇌의 해결 센터에 채 도달하기도 전에, 발과 손, 어깨, 피부 등 신체 곳곳에서 불똥을 일으키며 생겨난다.

두 번째로 발견한 사실은 그동안 내 감정들을 무의식적으로 '어두운' 감정과 '밝은' 감정으로 분리했다는 점이었다.

누가 그렇게 가르쳐줬을까? 아니, 이런 분류는 거의 반사적으로 일어나기 때문에 의식적인 노력이 필요 없었다. 단순히 기분 좋은 감정과 기분 나쁜 감정의 차이일까, 아니면 그보다 더 의미심장한 뭔가가 있을까?

모든 그림이 진실을 담고 있기에 어떤 식으로든 가치가 있었다. '슬픔'은 '기쁨'이 건드리지 못하는 신체 기관을 어루만져주었다. 지금까지는 '분노'가 가장 강력한 힘을 지니고 있었지만, '아픔'이라는 강적을 만났다. 이 둘은 상대의 팔에 안겨 '안심'이 그들을 안아줄 때까지 마음껏 울었다. 모든 감정을 별개의 종이에 그렸는데도 따로 떼어놓을 수가 없었다. '근심'과 '흥분'을 갈라놓는 유일한 차이점은 '두려움'을 내려놓겠다는 결단이었다. 가끔은 걱정이 커질 때 크게 심호흡을 하고 나면 초조한 마음이 기대감으로 바뀌기도 했다.

'당황'과 '대담'도 마찬가지다. 새로운 일을 시도하다 보면 처음에는 실패할 때가 많은데, 그럴 땐 당황스럽기 마련이다. 하지만 실패를 두려워하는 마음만 극복할 수 있다면, 실제로 다른 문제는 거의 없었다. 용기를 내는 만큼 대담해질 수 있었다. 매일같이 이 모든 감정이 변화무쌍하게 일어났다 사그라지고 두드러졌다 누그러지곤 했다. 그런데 그중 일부에 '어둡다'는 꼬리표를 붙인다는 것이 갑자기 미신처럼 느껴졌다. 덜 유쾌한 감정들을 밀쳐두려고 일부러 낙인을 찍는 것 같았다.

1년 뒤에 병원 원목이 되고는, 더 이상 내 감정을 살피려고 그림을 그리는 일은 필요 없게 되었다. 대기 중일 때만큼은 내 침대는 더없이 분주한 곳이었다. 두어 시간 겨우 눈 붙일라치면 호출기가 울려서 응급실로, 신생아 중환자실로, 정신병동으로 달려가야 했다. 한밤중 병원 복도 조명은 으스스했다. 나를 찾는 곳으로 이동하는 사이, 머리 위로 푸르스름한 형광 불빛이 비치고 꺼져가는 전구가 껌뻑였다. 들리는 소리라곤 복도에 울리는 내 발자국 소리밖에 없는 적막한 길과 병실에 들어서면 나를 덮치는 감정의 소용돌이가 극적인 대조를 이루어 무척 힘들었던 기억이 난다.

나를 보자마자 통곡을 하며 바닥에 쓰러진 여자도 있었다. 남편이 죽었다는 사실을 알고 있었지만, 청진기 대신 성경을 든 나를 보고 '이제 정말 마지막이구나' 하는 생각이 들었던 모양이었다. 여자가 쓰러지자 온 식구가 흐느끼기 시작했다. '두려움'이 내 마음속 가속 페달을 밟았다. 머릿속으로 그림을 그리기 시작했다. 마음이 있는 자리인 가슴에 큰 북을 그리고 주변으로 수많은 음파가 몸 밖에까지 울려 퍼지는 모양을 그렸다. 내 심장 고동 소리가 반경 100미터 내에 있는 사람들에게 들릴 것 같이 요동쳤으니까. 다음으로는 목과 팔에 소름을 그려 넣었는데, 여자의 아들과 악수하려고 내민 팔에 특히 도드라져 보였다.

머리 위 말풍선에 "저는 원목인데, 어찌해야 할까요?"라고 적었다. 흰자위가 잘 보이게 눈을 그린 다음, '두려움' 대신 '슬픔'이라고 적었다. 나는 그 아들과 함께 쓰러진 여자를 부축해 일으키고, 이제 막 숨을 거둔 한 남자의 일생에 대해 이야기하고 찬양을 하며 밤을 지새웠다.

이런 밤을 보내면서 속 시끄럽고 엉망진창인 감정까지도 모두 흘려 보내는 것이 얼마나 중요한지 배웠다. 감정을 말이나 행동으로 표출하지 못하면, 혈관에 남은 찌꺼기처럼 굳어져서 원활한 흐름을 방해할 수 있다. 감정 폭발은 어둠이 그냥 묻히지 않으리라는 좋은 신호다. 불편한 에너지만 견딜 수 있다면, 어둠과 빛이 균형을 되찾는 모습을 지켜볼 수 있을 것이다.

불침번을 서는 밤마다 이런 일이 몇 번씩 벌어지곤 했다. 아침이 되어 소파 침대를 접고 간단히 세수만 한 채 오전 보고에 참석할 때는 피곤에 절어서 한시라도 빨리 호출기를 넘겨주고 싶은 마음이 간절했다. 그런데도 그해는 내 인생에서 가장 풍요로운 시간으로 꼽힌다. 아침마다 내가 하는 일이 얼마나 중요한지 실감했고, 밤마다 아쉬움이 남는 순간을 떠올리면서도 충분히 가치 있는 일이라고 믿어 의심치 않았다. 주렁주렁 매달린 관, 피 섞인 소변 주머니, 철 침대에 누운 창백한 시체들로 꿈자리는 뒤숭숭할지언정, 이런 꿈들이 나와 내가 돌보는 사람을 연결해준다면 얼마든지 감당할 수 있었다. 꿈에서나마 남의 고통을 조금이라도 느껴보는 것이 내가 할 수 있는 최소한의 일인 것 같았다.

그린스팬은 고통스러운 감정은 명상 도중 조는 수행자들의 어깨를 죽비로 치는 선가禪家의 지도자와 같다고 말한다. 그 충격을 견디는 법을 배울 수만 있다면(잠이 달아난다면 더더욱 좋다) 고통 가운데 숨은 힘을 발견할 수 있을지도 모른다. 주요 종교의 핵심 교리 중에도 이런 가르침이 있지만, 진정 배우기를 원하는 사람은 많지 않을 것이다. 탈출 기회가 없는데 밤새도록 어둠의 천사와 씨름하겠다는 사람이 과연 있을까? 축복이 간절한 사람, 그래서 축복을 받을 수만 있다면 평생 절뚝이며 살아도 괜찮다고 생각하는 사람이나 시도하지 않겠는가.

그러나 그린스팬은 그런 사람들은 '개인의 고통과 이 세상의 깨어짐'이 밀접한 관계가 있음을 발견하게 된다고 말한다.[2] 어두운 감정이 지닌 원초적 에너지에 지레 겁먹은 사람들이 그런 감정을 피하면서 세상과 점점 단절되는 것과 달리, 천사와 씨름할 준비가 된 이들은 고립을 깨고 나와 자신을 가장 괴롭히는 감정에 몸을 내던진다.

이런 관점에서, 두려움에 사로잡힐 때 가장 좋은 방법은 끊임없이 두려움 가운데 있는 누군가의 친구가 되어주는 것이다. 절망에 빠져 허우적거릴 때 가장 좋은 방법은 절망이 일상인 공동체를 찾아가는 것이다. 슬픔의 무게를 감당하기 힘들 때 가장 좋은 방법은 당신이 아는 가장 슬픈 아이를 앉혀놓고 이렇게 말하는 것이다. "나 오늘 시간 아주 많아. 한번 말해봐." 이럴 때 오히려 쾌활한 척하면서 당신의 새로운 스승인 어두운 감정들이 당신을 기분 좋게 해준다고 주장하고 싶은 유혹을 참기가 가장 힘들다. 고통스런 감정에 대처하기 위해서 무조건 그것을 없애야 한다고 오랫동안 배워왔다면, 진득하니 앉아서 그런 감정들을 곱씹어보는 재교육 과정이 필요할 수 있다. 그러면서 어두운 감정을 느끼는 사람들이 광야에서 자면서 배운 것, 편안한 집에서 자는 사람들은 알 수 없는 것을 발견하는 것이다.

카를 융은 "깨달음enlightenment은 빛의 형체를 상상하는 것으로 얻는 것이 아니라, 어둠을 의식하는 것으로 얻을 수 있다"고 했다.[3] 이 문장을 읽으면서, 깨달음을 찾는 이들과 평생 함께했는데도 무명(無明, endarkenment)의 가치를 이야기하는 사람을 본 적이 없다는 사실을 알았다. 기독교 전통의 위대한 신비주의자들은 하나같이 어둠을 하나님께로 가는 여정의 일부로 묘사하지만, 《무지의 구름》이 베스트셀러 목록에 오른 지는 한참이나 지났다. 요즘 구도자들은 불을 끄시는 하나님보다는 불을 켜주시는 하나님께 더 관심이 많은 듯 보인다. 바야흐로 전적 태양 영성의 시대다.

켄 윌버는 기독교 신비주의자는 아니다. 가진 학위도 여럿에, 다양한 주제로 글을 쓴 그를 두고 사람들은 동양 철학의 영향을 받은 통합 사상가라 일컫는다. 하지만 그는 누구 못지않게 종교적인 믿음이 어떻게 작용하는지 잘 아는 사람이다. 그는 《켄 윌버의 일기One Taste》에서 종교의 두 가지 중요한 기능을 구분한다. 첫 번째 기능은 '변환 translation'인데, 사람들에게 주변 세상을 변환하는 새로운 방법을 제시함으로써 그들의 삶이 더 큰 의미를 갖게 해준다.

예를 들어, 기독교 신앙의 한 가지 기능은 신자들에게 자신의 어려움을 변환하는 새로운 방법을 제시하는 것이다. 예수님은 산상수훈에서 "심령이 가난한 자는 복이 있나니 천국이 그들의 것임이요, 애통하는 자는 복이 있나니 그들이 위로를 받을 것임이요"라고 말씀하신다. 이 팔복에 따르면, 영적 빈곤과 슬픔은 손익계산서의 '손실' 칸이 아니라 '수익' 칸으로 옮겨가고, 고통받는 사람들은 자신의 어려움을 축복으로 보게 된다. 윌버는 이것이 책이 팔리고 교회가 성장하게 만드는 종교의 기능이라고 말한다. 신자의 자아의식을 강화해서 이 새로운 변환에 따라 살 수 있는 사람에게 만족을 약속해주기 때문이다. 이런 방식으로 종교는 자아가 구원받을 수 있다는 희망을 준다.

그러나 변환이 종교의 유일한 기능은 아니다. 윌버가 '변용transformation'이라고 이름 붙인 두 번째 기능은 자아를 위로하기 위해서가 아니라 해체하기 위해 존재한다. 예수님은 마태복음 10장에서 "자기 목숨을 얻는 자는 잃을 것이요 나를 위하여 자기 목숨을 잃는 자는 얻으리라"고 말씀하신다. 이 구절에서 '목숨'을 뜻하는 헬라어 '프시케psyche'는 인간의 숨이나 생명, 영혼을 의미한다. 헬라어에는 '에고ego'에 해당하는 단어는 없지만(19세기 초 이전에는 세계 어느 언어에서도 찾아볼 수 없었던 단어다), 그나마 '프시케'가 가장 근접한 단어라고 할 수 있다. '프시케'의 구원은 프시케의 죽음으로 시작된다.

윌버에 따르면, 종교의 이런 기능은 별로 인기가 없다. 인간 문제의 원인을 세상의 영적 결핍에서 찾지 않기 때문이다. 오히려 자기 지위를 높일 방법을 늘 찾아 헤매는, 자아의 영적 욕심이 문제라고 지적한다. 윌버는 미국에서 '영혼'이라는 단어가 '여장을 한 자아'라는 의미로 쓰이고 있고, 영적 가르침으로 통하는 내용은 대부분 자아를 잃는 것보다는 자아를 위로하는 내용이라고 지적한다. 변환이 변용으로 포장되고 있어서, 영적 패스트푸드로 연명하는 사람들은 계속해서 더 많이 찾게 된다. 원래 메울 수 없게 만들어진 구멍을 메우기란 불가능하다. 구멍을 메울 게 아니라 그리로 들어가야 한다. 윌버에 따르면, 진정한 변용을 고민하는 곳에서 "자아는 만족을 얻는 것이 아니라 토스트처럼 구워져버린다."[4]

이것이 무명無明이라면, 무명을 찾는 이들이 드문 게 당연하다. 심지어는 예수님을 따르던 사람들도 그의 죽음이 기정사실이 되자 종적을 감췄다. 예수님은 잡히시던 밤에 열두 제자와 함께 계셨는데, 사흘 후에는 오직 한 사람만 남아 마리아나 다른 사람들이 더 이상 할 수 있는 일이 없게 되자 마리아를 집으로 모시겠다고 예수님께 약속했다. 다른 제자들은 어디로 사라졌는가? 자신에게 많은 것을 요구하지 않는 다른 누군가와 새로운 인생을 시작하기 위해서, 아니면 아직 붙어 있는 목숨이라도 건지고 싶어서 제 갈 길로 갔다.

내가 거기 가고 싶지 않은 만큼이나, 달의 다음 주기를 피할 수는 없다. 머리 위로 이지러지는 그믐달이 칠흑 같은 어둠을 향해 가고 있다. 역설적으로, 그믐달이 시야에서 사라지는 밤은 초승달이 태어나는 밤이기도 하다. 내일 밤에는 닭을 닭장 안에 가두려면 손전등이 필요할 것이다. 그게 아니면 일찍 집을 나서서 눈이 적응할 수 있는 시간을 충분히 주어야 하리라. 그렇게 걷는 것은 빛을 소유한 식민지 주민은 도저히 할 수 없는 방식으로 밤의 일부가 되는 것이다. 그렇게 걷는 것은 내 안에 있는 밤, 어둠 속에 늘 새로운 달을 품고 있는 그곳을 기억하는 것이다.

눈먼 자들의 눈

어둠을 알려면 어두운 곳으로 가라.
눈을 감고, 어둠도 꽃을 피우고 노래하는 것을 발견해보아라.

웬델 베리

    평생을 지나도 알 수 없는 어둠이 얼마나 많은지 모른다. 자신이 겪은 어둠에 대해 남들과 이야기하다 보면, 그런 경험이 얼마나 개인적인지 다시금 생각하게 된다. 피부가 검은 사람은 '어둡다'는 말을 해롭다, 나쁘다, 비참하다, 더럽다는 단어의 약칭 정도로 사용하는 사람들 사이에서 살아가는 기분이 어떤지 말해준다. 북부 캐나다에서 온 사람은 자정까지 해가 지지 않고 새벽 5시면 또 해가 뜨는 한여름에 어둠이 얼마나 소중한지 이야기해준다. 맹도견의 목줄을 붙잡고 선 시각장애인은 눈이 보이지 않는 사람에게 '어둠'이 어떤 의미인지 아느냐고 묻는다.

나는 모른다. 헬렌 켈러의 이야기를 아는 비시각장애인들은 다들 궁금할 것이다. 보지 못하는 사람에게 '파란색'은 무슨 뜻일까? '동틀 무렵'이나 '당신이 찾는 건 저기 있다'는 말은 또 어떤 의미일까? 성경에서는 앞을 못 보는 것과 영적 실패를 동일시하는 경우가 많다. 예레미야는 어리석은 유다 백성들이 자신의 말에 귀를 기울이지 않자, 눈이 있어도 보지 못한다고 나무란다. 예수님은 사람들을 미혹하는 바리새인들을 맹인이 되어 맹인을 인도하는 자라고 질책한다. 요즘에도 목적이 없고 나태한 사람들을 비판할 때 '근시안'이라거나 '비전vision이 없다'는 표현을 쓰기도 한다.

이런 비유가 통하는 이유는, 눈이 보이는 사람들은 시각 의존도가 매우 높기 때문이다.

인간 수용기의 70퍼센트는 눈에 위치하고 있다고 추산한다. 눈이 제 기능을 하면 다른 감각 기관이 할 일을 대부분 대체할 수 있다.[1] 달이 뜨지 않는 밤에도 가까운 동네의 아득한 불빛을 볼 수 있을 뿐 아니라, 나무가 없는 초원에 사는 사람은 15킬로미터 밖 창문에 놓인 촛불까지 볼 수 있다. 우주 비행사들은 멀리 우주 공간에서 브라질의 열대 우림이 불타는 모습도 볼 수 있고, 파리의 화려한 조명도 볼 수 있다.

쏟아지는 시각 정보가 너무 많다 보니, 대다수 사람은 생각하고 입을 맞추고 귀를 기울일 때는 오히려 눈을 감는다.

보는 것은 친밀함이 적어도 가능하다. 전파와 광섬유 시대에는 소리도 마찬가지다. 스카이프 덕택에 원하기만 하면 지구 반대편에 있는 사람도 얼굴을 보고 목소리를 들을 수 있다. 하지만 외국 우표가 붙은 손편지가 더 정감 있기는 하다. 날마다 엄청난 속도로 쏟아지는 수많은 광경과 소리 때문에 거기서 나를 보호하는 법을 터득했다. 이렇게 시각과 청각 공해를 제한하지 않으면, 굳은살이 박여서 정말로 중요한 것들은 막상 보고 듣지 못하게 된다.

시각과 청각을 제외한 나머지 세 감각은 친밀함이 필수이기 때문에 그나마 덜 위험하다. 조금 떨어진 곳에서도 냄새는 맡을 수 있지만, 내게 가장 큰 영향을 미치는 냄새는 남편의 쇄골 체취처럼 매우 근접한 것들이다. 쇄골을 만지려면 팔이 닿을 만큼 가까이에 있어야 한다. 맛을 보려면 더 가까이 가야 한다. 어둠이 내리고 눈이 밤의 휴식을 준비하면, 다른 감각들이 깨어나기 시작한다. 낮 동안 쏟아진 광경과 소리는 잦아들고, 밝을 때 그냥 지나친 것들을 제대로 음미할 수 있다. 촛불을 켜놓으면 음식 맛이 더 좋다. 대화도 길어진다. 와인에서는 포도밭 향이 난다.

이것이 스위스 취리히에 있는 식당 블린데쿠의 기본 발상이다. 1990년대 후반에 시각장애인 네 명이 시작한 이 식당에서 식사를 하려면 몇 달 전에는 예약을 해야 한다. 식당 이름 '블린데쿠'는 독일어로 '눈먼 소'라는 뜻으로, 술래가 눈을 가리고 다른 아이들을 잡는 놀이 이름에서 따왔다. 식당 주인들은 시각장애인인 위르크 슈필만 목사가 집으로 손님을 초대해서 눈을 가리고 식사를 하게 한 데서 영감을 얻었다. 슈필만 목사는 손님들이 음식에 더 집중하고, 다른 사람의 이야기도 더 귀 기울여 들었다고 말했다.[2]

이런 발상이 인기를 끌어 이제는 파리와 몬트리올, 텔아비브에서도 컴컴한 식당을 만날 수 있다. 미국에도 샌프란시스코, 로스앤젤레스, 댈러스, 뉴욕에 지점을 둔 오페이크opaque 식당이 있다. 이 식당의 기본 개념은 똑같다. 손님이 오면 부드러운 조명을 켜둔 대기실로 이동하여 소지품을 확인하고 정식 중에 골라서 주문을 한다. 눈을 가린 주인이 컴컴한 식당 내부로 손님을 안내한다. 앞이 보이지 않을 뿐, 붐비는 식당에서 흔히 들을 수 있는 소리가 들린다. 취리히 식당 직원들은 신발에 작은 방울을 달고 다닌다. 파리 식당에서는 땅에 포크가 떨어질 때마다 손님들 웃음소리가 끊이지 않는다. 와인을 따를 때는, 자기 잔에 손가락을 넣고 있다가 손끝에 와인이 느껴지면 병을 가볍게 두드린다. 직원은 손님에게 식탁 구석에 놓인 음식을 가져다가 한자리에 놓도록 가르쳐준다. 각자 자기 접시를 챙긴 다음에는, "12시 방향에 연어구이, 9시 방향에 구운 감자, 3시 방향에 콩 요리가 있습니다" 하는 식으로 어디에 어떤 음식이 있는지 알려준다.

대다수 손님은 이런 식당을 좋게 평가하고, 나중에 올 손님에게 실질적인 조언도 아끼지 않는다. 그중에서도 자리에 앉기 전에 먼저 손을 씻으라는 조언이 눈에 띄는데, 첫 번째 음식을 먹고 나면 숟가락과 포크는 포기하게 된다는 이유에서였다. 식사 후에 다른 일정이 있다면 검은 옷을 입으라는 조언도 있다. 닉이라는 사람은 다른 해결책을 제안했다. "저는 음식이 나오면 윗옷을 벗습니다. 뭐 어때요? 아무도 못 보는데요. 바지도 벗을까 생각해봤지만, 어두운 데서 혹시 잃어버리지 않을까 걱정돼서 참았어요. 어쨌든 그렇게 윗옷을 벗고 식사를 하니 기분이 아주 좋았습니다."[3]

놀라운 점은 많은 사람이 식사 내내 눈을 감는다는 것이다. 생일에 오페이크 식당을 찾은 아니사라는 손님은 줄기가 긴 장미꽃 한 송이와 점자로 된 생일 카드를 받았다. 아니사는 매우 특별한 경험이었다고 썼다. "재미있는 건, 눈을 감고 식사를 했다는 것이다. 실제로 눈을 뜨는 것보다 감는 것이 훨씬 더 편했다. 눈이 초점을 맞추느라 과부하가 걸려 있었기 때문에, 아무것도 안 보이는데 눈을 뜨고 있는 게 더 부자연스러웠다."[4]

이런 평을 읽고 있자니 애니 딜라드의 《자연의 지혜*Pilgrim at Tinker Creek*》가 떠올랐다. 딜라드는 이 책에서 시력 회복 수술을 받고 나서 눈을 감은 채 집 주변을 걸어 다닌 한 젊은 여성의 이야기를 들려준다. 먼저 수술을 받은 다른 사람들처럼, 그녀도 전에는 손으로 만져서 알

왔던 이 세상의 엄청난 크기에 압도되었다. 자신은 알지도 못하고 동의하지도 않았는데, 다른 사람들이 자신을 죽 그렇게 (때로는 안 좋은 모습까지도) 볼 수 있었다는 사실을 알고 힘들었을지도 모르겠다. 이 여성의 아버지는 그녀가 눈을 감고서 이전 같은 완전한 암흑 상태로 돌아갈 때에야 비로소 행복하고 편안해했다고 전했다.[5]

애틀랜타에서 열린다는 '어둠 속의 대화Dialogue in the Dark' 전시회 소식을 듣고 내 어둠 계기판의 바늘이 레드 존red zone으로 움직였다. 어떤 종류의 어둠 속에서, 누구와, 무슨 대화를 한다는 것일까? 알고 보니 이 전시는 독일의 사회적 기업가 안드레아스 하이네케의 아이디 어로, 1980년대 후반 처음 시작된 이후 30여 개국 150개 도시에서 전시를 마치고 애틀랜타에 상륙한 것이었다. 그는 시력을 잃은 동료를 위해 재활 프로그램을 구상하면서 시각장애인들이 날마다 겪는 현실적 어려움을 새로이 이해하게 되었을 뿐 아니라, 비시각장애인들이 그들을 대하는 마음(동정심, 두려움, 미묘한 경멸까지)도 알게 되었다.

"우리는 만남을 통해서만 배울 수 있다"는 유대계 독일인 철학자 마르틴 부버의 말에서 영감을 얻은 하이네케는 시각장애인과 비시각장애인이 입장을 바꿔서 어둠을 물리적으로 경험해보는 장을 마련하기로 했다. 그렇게 '어둠 속의 대화'가 탄생했다. 일종의 리얼리티 쇼라고 할 수 있는 이 전시에서, 비시각장애인은 흰 지팡이를 짚고 칠흑 같은 전시관으로 들어가 시각장애인 가이드를 소개받는다.[6]

내가 표를 구입한 웹사이트에서는 '맹인이 맹인을 인도하는 곳'이라는 문구를 내세워, 같이 체험하고 이후의 소감을 나눌 수 있도록 두 사람씩 묶어 신청을 받았다. 예약한 날짜에 조금 일찍 전시관에 도착하니, 비시각장애인 도우미가 한쪽에 마련된 사물함으로 안내하면서 거기에 귀중품을 보관하라고 했다. "시계, 핸드폰 등 빛이 나오는 물건은 모두 보관하세요. 안경도요. 안에 들어가면 무용지물이니까요."

이 과정이 수술 준비 과정과 흡사해서 가슴이 떨릴 정도였다. 입고 있는 옷을 제외하고는 사물함에 모두 보관하고, 전시관 앞에서 친구들과 합류하여 오늘 함께할 소그룹 사람들과 썰렁한 농담을 몇 마디 주고받았다. 도우미는 출입문 옆 우산꽂이에 꽂힌 흰 지팡이들을 가리키며 말했다. "자신의 키에 맞는 지팡이를 하나씩 고르세요." 이 말 이후로 농담이 싹 사라졌다. 우리는 그런 지팡이를 들고 인도를 걷는 사람들 모습에 익숙했다. '우리'는 이제 곧 '그들'이 될 것이다. 잠시 후 문이 열리더니 녹음된 음성이 흘러나왔다. 안쪽으로 들어와서 나무 상자를 찾아 앉으라는 안내였다.

자그마한 대기실에는 은은한 조명이 켜져 있어서 아직까지는 의자가 잘 보였다. 또다시 목소리가 흘러나오면서 조명이 약해졌다. "이제부터 여러분이 일상에서 얼마나 시각에 많이 의존하는지 살펴보십시오. 다른 감각의 관점에서 과도한 시각 의존도가 얼마나 큰 손해인지도 함께 살펴보십시오. 이제부터 여러분은 전에는 한 번도 사용해보지 않은 감각들을 사용하게 될 것입니다. 가이드의 설명을 듣고 그대로 따르십시오. 도움이 필요하면 주저하지 말고 요청하세요. 그럼 어둠 속의 대화를 시작하겠습니다."

대충 이런 내용이었던 것 같다. 그때까지만 해도 어두운 전시관 내부를 둘러보느라 설명이 귀에 잘 들어오지 않았다. 내 맞은편에 앉은 사람이 남자인지 여자인지도 모르겠다. 방 안에는 남자 목소리와 여자 목소리가 다 들렸지만, 어느 방향인지 가늠하기 힘들었다. 새로운 목소리가 어둠 속에서 들리면서 산들바람이 공기를 휘저었다. 여자 목소리였다. "안녕하세요. 제 이름은 돌로레스이고 시각장애인입니다. 하지만 오늘 밤엔 제가 여러분을 처음부터 끝까지 안전하게 모실 거예요. 자, 이제 다들 일어나서 저를 따라 첫 번째 전시장으로 가보실까요? 제 목소리만 따라오세요. 지팡이 꼭 챙기시고요."

이후로 한 시간 동안 나는 돌로레스의 목소리를 열심히 쫓아다녔지만, 어쩔 수 없이 벽에 부딪히고, 출입구를 놓치고, 다른 사람 뒤꿈치를 밟고, 내 지팡이에 걸려 넘어졌다. 우리가 들어간 첫 번째 방에는 새소리가 가득했다. 돌로레스의 목소리가 들렸다. "공원에 왔어요. 개울에는 다리가 있고, 다리를 건너면 근사한 풀밭이 있네요. 하지만 너무 꾸물대지는 마세요. 앞으로 할 일이 많으니까요." 나는 어렵지 않게 다리 난간을 찾았다. 아래쪽에서 개울물 흐르는 소리가 들렸다. 그런데 다리 끝에 있는 계단을 놓치는 바람에, 앞사람 등에 세게 부딪히고 말왔다.

나보다 확실히 키가 큰 남자였고, 셔츠에서 산뜻한 향이 났다. 하지만 그게 다였다. 나이가 몇인지, 백인인지 흑인인지, 외모가 어떤지는 알 길이 없었다. 앞이 안 보이니 그 사람의 외모나 성격을 판단하는 근거가 될 수 있는, 상대방의 생김새나 몸짓을 전혀 파악할 수 없었다. 예상외로 신선한 경험이었다. 마치 파티에서 불이 꺼졌을 때처럼. 평상시에 통하는 정중한 예법 따위는 필요 없었다. 게다가 상대방도 나를 못 보기는 마찬가지이니, 그 사람도 나를 판단할 수 없었다.

두 번째 방은 식품점이었다. 돌로레스의 목소리가 들렸다. "진열대와 냉장고에 어떤 것들이 있는지 느껴보세요. 여러분 뒤쪽에 있는 통 속에도 물건이 있어요." 포도송이나 양배추처럼 의심의 여지없이 확실한 물건을 찾았을 때는 손끝에서 번쩍 불이 들어왔다. 손가락이 눈에게 말을 건넸다. "봤지? 네가 도와주지 않아도 우리도 할 수 있다고." 하지만 통조림 제품은 예외였다. 시각을 쓸 수 없으니 무게가 똑같은 콩 통조림과 스파게티 통조림을 구별할 방법이 없었다. 식품점은 넓지 않은 공간이었는데도, 나는 그만 방향을 잃고 말았다. 이제 이동할 시간이라는 돌로레스의 말이 뒤쪽에서 들려왔다.

"이쪽으로 가면 길이 나옵니다." 돌로레스의 목소리가 들렸다.

"어느 쪽이요?" 하고 내가 물었다.

"제 목소리가 들리는 쪽이요." 그리로 움직이자 식품점 이중 유리문이 나왔다. 문을 밀고 나가니 바깥 인도였다. 전시장에서 처음 차 소리를 들은 나는 다른 사람의 개인 공간을 존중해야 한다는 생각 따위는 까맣게 잊어버리고 말았다. 모두들 마찬가지였다. 경적이 울리는 이유를 몰라 우왕좌왕했다. 우리가 차도에 서 있어서인지, 신호등이 초록색으로 바뀌었는데도 가만히 있어서인지 알 길이 없었다.

돌로레스의 목소리가 들렸다. "보행 신호가 들리면 길을 건너도 안전하다는 뜻입니다." 하지만 이 정보도 신뢰하기 어려웠다. 신호가 울리면 차가 멈춰야 한다는 뜻이지, 실제로 차가 선다는 보장은 없었다. 문자를 보내거나 내용물이 뚝뚝 떨어지는 햄버거를 먹으면서 운전을 하는 사람들이나, 횡단보도를 확인하지 않은 채 빨간 신호에 우회전을 하려고 앞으로 살살 나오는 운전자들도 있기 때문이다. 나도 나 자신을 지키기 힘든 마당에 과연 다른 사람이 날 지켜줄 수 있을까?

그렇게 꼼짝없이 인도에 서 있으려니 다른 사람들 목소리가 점점 멀어졌다. 내 이름을 부르거나 나를 데리러 오는 사람은 없었다. 성경에 나오는 길 잃은 양 이야기를 들을 때마다 좋은 풀을 찾느라 무리와 멀어진 양에게 화살을 돌리곤 했었다. 하지만 여기서 난 꼼짝도 하지 않았다. 목자는 자기 목소리를 따라오라고 했지만, 무서워서 발을 뗄 수가 없었다. 얼떨결에 남과 부딪히는 것보다 뒤떨어지는 것을 더 걱정하는 신세가 되어버렸다.

거리로 발을 뗐다. 경적이 요란하게 울렸다. 공중에 대고 지팡이를 마구 휘둘렀다. 아무것도 지팡이에 걸리지 않자 차는 진짜가 아니라는 사실이 떠올랐지만, 그래도 뇌우 속 고양이처럼 몸이 떨렸다. 바로 그때, 갓돌이 발부리에 채면서 소그룹의 다른 사람과 부딪혔다. 그 사람도 나만큼이나 놀란 눈치였다.

그 여자가 말했다. "사람들이 어디로 갔는지 모르겠더라고요. 그래서 여기 서 있으면 누군가 날 데리러 오지 않을까 생각했어요." 동행을 만나 용기를 얻은 우리는 벽을 더듬어 따라가 웅성대는 소리가 들리는 다음 방으로 들어섰다. 돌로레스의 목소리다. "배가 곧 올 거예요. 경사로에서 발을 조심하세요." 함께 온 내 친구들은 어디론가 사라져버렸다. 무력감을 떨칠 수가 없었다. 내 차례가 되자 어둠 속의 대화를 끝낼 준비를 하고 배에 몸을 실었다. 하지만 나는 어둠이 여기 모인 다른 사람들과의 거리를 좁혀놓았다는 사실도 알게 되었다. 어쩔 수 없이 다른 사람을 만져야 했고, 튿날 때마다 사과가 튀어나왔다. 우리는 서로를 의지한다는 사실을 부끄러워하지 않았다. 아무도 누가 흑인이고 백인인지, 젊은 사람인지 늙은 사람인지 알 수 없기에, 선입견에서 벗어나 대화를 나눌 수 있었다. 이런 맥락에서 누군가 오페이크opaque 교회도 시작할 수 있지 않을까? 거기서는 다른 비전을 기대하며 어떤 비전은 포기하는 법을 배울 수 있을지도 모른다. 이름표를 다는 대신 상대방 얼굴을 만질 것이다. 누가 왔나 둘러보는 대신 상대방의 목소리에 귀 기울이는 법을 배울 수 있을 것이다.

마지막 방에서 돌로레스는 우리를 바에 앉히고는 원하는 사람은 음료를 주문하게 했다. 마실 수 있는 음료가 청량음료뿐이어서 나는 음료를 주문하지 않았고, 돌로레스가 건네는 감사 인사를 흘려들었다. 그리고 나서 누군가 문을 열었고, 우리는 눈을 껌뻑거리며 환한 로비로 나왔다.

정전이 된 체육관에서 나란히 누워 잠을 잤던 사람들을 본 기분이랄까? 당신에 대해 아무것도 모른 채 당신이 코를 골고 잠꼬대하는 소리를 들은 사람들. 지팡이를 반납하고 사물함에서 소지품을 챙기면서 다들 서로를 슬쩍슬쩍 훔쳐보고, 상대방과 눈을 맞추지도 못하고 소심하게 손을 흔들었다. 손목에 시계를 차다가 고개를 들어보니, 우윳빛 눈의 아프리카계 미국인 여자가 내가 방금 빠져나온 문으로 나오는 모습이 보였다. 손에는 지팡이를 짚고 있었다.

도우미가 그녀를 보고 말했다. "잘 가요, 돌로레스."

돌로레스도 인사를 건넸다. "내일 봐요." 나는 내 시각장애인 안내자가 밤 속으로 걸어가는 모습을 지켜보았다.

앞을 보지 못하는 사람들에게 어둠이 어떤 의미인지는 아직도 잘 모르겠다. 하지만 '빛'에는 '어둠'만큼이나 많은 뜻이 있다는 사실을 조금씩 깨닫고 있다. 《성공회 기도서 *The Book of Common Prayer*》에는 다음과 같은 오래된 기도문 한 편이 실려 있다.

오, 주님, 하늘 보좌에서 우리를 굽어보시고 천상의 빛으로 이 밤을 밝혀 주소서. 그리하여 낮처럼 밤에도 백성들이 당신의 거룩한 이름을 영화롭게 하게 하소서. 우리 주 예수 그리스도를 통하여 기도하나이다. 아멘.[7]

무엇보다도 이 기도는 파동과 입자를 초월하는 빛이 무엇인지 알고 있다. 그런 종류의 빛은 불을 켜지 않고도 밤을 밝힐 수 있어서, 진짜를 보여주기 위해 시각보다 감각을 의존하는 법을 배운 사람들에게는 분명히 보인다. 신비주의자들은 밤 시간에 명상을 하면서 이 빛을 보고, 아침에 펜을 들어 자신의 깨달음을 기록했다. 모세는 시내 산 어둠 가운데 이 빛을 보았는데, 하나님의 영광이 눈부신 어둠 가운데 싸여 있었다. 디오니시우스 아레오파기타는 이 빛을 "하나님이 거하시는 범접하기 힘든 빛"이라고 불렀다.

이 빛을 경험해본 사람들이 이런 개념을 부인하기 어려운 만큼이나, 이 빛을 경험해보지 못한 사람들은 이 개념을 이해하기 힘들 것이다. 시각장애인인 프랑스 레지스탕스 자크 루세랑보다 이 점을 더 잘 묘사한 사람은 없다. 그는 《그리고 빛이 있었다*And There Was Light*》라는 회고록에 자신의 체험을 썼다. 루세랑은 태어날 때부터 시각장애인은 아니었지만, 눈이 나빠서 아주 어릴 때부터 안경을 썼다. 그것만 제외하면 여느 아이들처럼 학교에서 싸움박질도 하는 매우 평범한 아이였다. 그러다 하루는 친구와 실랑이를 하다가 선생님 책상 모서리에 세게 부딪히면서, 한쪽 안경다리에 오른쪽 눈이 찔리고 안경테에 왼쪽 눈 망막이 찢어지는 사고를 당했다. 병원에서 깨어나니 아무것도 보이지 않았다. 오른쪽 눈은 완전히 시력을 잃었고, 왼쪽 눈도 회복이 어려워 보였다. 그렇게 일곱 살에 두 눈 모두 실명하고 말았다.

책 후편에 썼다시피 그는 주변 사람들의 반응을 보고 이것이 얼마나 끔찍한 사건인지 알게 되었다. 그 시절, 시각장애인들은 사회 변두리로 내몰려 수공예품을 만드는 손재주나 악기 연주법이라도 배우지 못한 이들은 거지 신세가 되곤 했다. 의사들은 루세랑을 파리에 있는 맹인 기숙학교에 보내라고 권했지만, 부모는 반대했다. 그의 부모는 아들이 동네 공립학교에 다니면서 비시각장애인 사이에서 자신의 역할을 찾을 수 있기를 바랐다. 어머니는 아들과 함께 점자를 배웠고, 루세랑은 점자 타자기 사용법도 배웠다. 그가 다니는 학교의 교장은 그에게 필요한 장비들을 다 놓을 수 있도록 특수 제작한 큰 책상을 주문해주었다. 하지만 그의 부모가 가장 잘한 일은 절대로 그를 동정하는 법이 없었다는 것이다. 그들은 자기 아들이 '불행하다'고 말하지 않았다. 아들이 앞을 못 보게 되어 '밤'에 갇혔다고 말하지도 않았다. 영적 세계의 중요성을 알고 있던 아버지는 아들의 사고 직후 이렇게 말했다. "뭔가를 발견하거든 꼭 말해주렴."[8]

이렇게 루세랑은 자신이 불쌍한 장님이 아니라 새 세상을 발견한 사람이라는 사실을 배웠다. 외부의 빛이 내면으로 들어와 다른 어떤 방법으로도 불가능한 특별한 방식으로 세상을 보여주었다. 사고 후 열흘 만에, 남은 평생 그를 사로잡을 사실을 발견했다. "확실하고 직접적인 단어로만 그 체험을 설명할 수 있을 것 같다. 나는 시력을 완전히 잃어버렸다. 더 이상 세상의 빛을 볼 수 없지만 그 빛은 그대로였다."

빛의 근원은 사라지지 않았다. 나는 매순간 그 빛이 분출하고 넘쳐흐르는 것을 느꼈다. 그 빛이 온 세상에 퍼지기 원하는 것을 느꼈다. 나는 그 빛을 받을 수밖에 없었다. 그 빛을 피할 수 없었다. 빛은 온 세상에 가득했고, 나는 다시 한 번 빛의 움직임과 그늘, 즉 빛의 색깔을 발견했다. 몇 주 전만 해도 내가 그토록 사랑하던 빛이었다.

이것은 전혀 새로운 체험이었기에, 볼 수 있는 사람들이 믿는 모든 것과는 그만큼 더 모순되었다. 빛의 근원은 외부 세계에 있지 않다. 흔한 망상 때문에 그렇게 믿을 뿐이다. 빛은 생명이 머무는 곳에, 즉 우리 자신의 내면에 머문다.[9]

처음에는 그가 비유적으로 또는 신학적으로 말하는 거라고 생각했지만, 계속 읽다 보니 시력과는 관계없는 그만의 빛 체험을 말한다는 것을 알 수 있었다. 그는 연습을 통해 주변 세상을 주목하는 법을 알게 되었고, 보지 못하는 사물을 묘사하여 친구들을 깜짝 놀라게 했다. 그는 그림자 소리로 나무 종류를 구분할 줄 알았다. 또한 벽이 몸에 가하는 압력으로 벽의 높이나 너비도 맞출 수 있게 되었다.

그는 이렇게 설명했다. "떡갈나무, 포플러 나무, 개암나무는 각자 독특한 음역이 있다. 플라타너스 소리는 방에 들어가는 것 같다. 넓은 공간, 긴장 구역, 자유 통행 구역의 특정한 순서를 나타낸다. 벽이나 전체 풍경도 마찬가지다."[10] 루세랑이 믿을 만한 가이드가 아니었다면 헛소리로 들렸을 말이지만, 그는 이미 내 신뢰를 얻고 있었기에 장애가 있는 사람은 그가 아니라 오히려 나라는 사실이 설득력 있게 다가왔다.

왜 이전에는 나무 소리에 관심을 기울인 적이 없었을까? 떡갈나무 잎사귀와 솔잎을 밟을 때 나는 소리가 다르듯, 바람에 흔들리는 두 나뭇잎 소리는 분명 달랐을 텐데 말이다. 눈으로 얼마든지 둘을 구별할 수 있기에 굳이 소리에 귀 기울일 필요가 없었던 탓이다. 한 비시각장애인 친구가 나무 소리를 듣는 워크숍에 참석했다는 소리를 듣고 당황했던 적이 있다.

나는 의심스러운 눈초리로 물었다. "그래, 나무가 뭐라고 하던?"

친구는 쓸쓸한 표정으로 "별로 알고 싶지 않을걸" 하고 대답했다. 산성비, 소나무좀, 개벌皆伐을 일삼는 개발회사. 그럼 그렇지. 나무가 달리 무슨 말을 하겠는가?

루세랑은 일반적인 '보기'의 문제점을 지적하면서, 시각은 자연스레 외형에만 치중하는 성향이 있다고 말한다. 눈으로 볼 때는 사물의 겉모습에만 신경 쓰기 때문에 본질상 추상적일 수밖에 없다. 우리는 눈으로 나무와 가구, 차량, 얼굴 등을 훑고 지나갈 뿐인데, 그런 보기를 통찰력으로 착각할 때가 많다. 눈에 아무 문제가 없어서 공간에서 자신의 위치를 확인하기 쉬울 때는 그런 식의 훑어보기는 식은 죽 먹기다.

속도도 문제다. 눈은 사물을 재빨리 훑고 지나가기 때문에 대상에 충분히 관심을 기울일 여유가 없다. 루세랑이 지적하듯이, 손가락은 그렇게 빨리 훑고 지나가지 않는다. 손으로 탁자를 느끼려면 주마간산으로 보는 것보다 훨씬 더 친밀한 행동이 필요하다. 상판 전체를 만지다 보면 탁자 가운데에 살짝 팬 곳도 찾을 수 있다. 손으로 대패질을 했다는 증거인데, 그냥 눈으로 훑어봤으면 놓칠 수도 있는 부분이다. 그다음에는 피트가 아니라 인치 단위로 좀 더 꼼꼼하게 만지는데, 나무 조각을 붙인 틈을 찾아서 전체가 몇 조각이나 되는지 세어본다. 뜨거운 프라이팬 바닥 가장자리처럼 낫 모양을 한 탄 자국이나 옹이도 찾아본다. 촛농 자국을 찾기 전에 냄새부터 나고, 주인이 식기를 너무 세게 내려놓는 바람에 움푹 들어간 곳도 만져질 것이다.

이렇게 다리까지 내려가면, 이 식탁에 한두 번 눈길만 준 사람은 절대 알 수 없을 만한 사실들도 알게 된다. 오래전 식탁 다리에 붙인 긁힘 방지 패치 하나가 떨어져나갔고, 식탁 다리 밑에 둥근 물체를 붙여 전체적으로 식탁 높이를 올린 것을 알 수 있다. 얼마 전만 하더라도, 나는 눈을 가리면 식탁이 어떤 나무로 만들어졌는지까지는 구분할 수 없다고 말했을 것이다. 하지만 최근에 한 바이올린 제작자를 만나고 나서는 그 생각마저 바뀌었다. 그는 나무마다 다른 소리를 내기 때문에 바이올린 앞판에는 가문비나무만, 뒤판에는 단풍나무만 쓴다고 했다. 그러고 나서 1차로 가공한 각 나무의 조각을 손에 들고는 손가락마디로 두드렸는데, 내 귀에도 다르게 들렸다. 만약 이 바이올린 제작자가 시각장애인이라면, 오랜 세월 서서히 자라면서 촘촘하고 굵어진 호두나무로 이 식탁을 만들었다는 사실까지도 알아낼 수 있을 것 같다는 생각이 들었다.

이런 이야기가 종교와는 거리가 멀게 느껴진다면, 식탁보다는 당신 탓일 확률이 높다. 세계 주요 영성 전통치고 '주목'의 중요성을 언급하지 않는 경우는 드물다. 예수님도 "공중의 새를 보라. ⋯ 들의 백합화가 어떻게 자라는가 생각하여보라"라고 말씀하셨다. 평범한 식탁에 관심 둘 시간도 없는데, 성령님께 주목할 시간은 어떻게 낼 수 있겠는가?

루세랑은 "시력을 잃고 나서 오히려 더 많은 사물에 집중할 수 있었다"고 썼다.[11] 그는 내면 상태에 따라 보는 빛이 달라진다는 놀라운 사실을 발견했다. 슬프거나 무서울 때는 순식간에 빛이 줄어들었다. 때로는 빛이 완전히 사라져서 정말로 앞이 캄캄한 상태가 되었다. 반대로 즐거운 맘으로 집중할 때면 더할 나위 없이 강한 빛이 돌아왔다. 그는 내면의 빛을 보고 그 빛 가운데 머물 수 있는 최고의 방법은 사랑이라는 것을 금세 깨달았다.

1944년 1월, 루세랑은 나치에 체포되어 동포 2천 명과 함께 부헨발

트 강제 수용소로 가게 되었다. 하지만 그곳에서도 증오가 자신에게 해롭다는 사실을 배웠다. 증오는 그의 세상을 어둡게 만들고, 더 작게 만들었다. 분노가 자신을 지배하게 내버려두자, 그는 물건을 들이받고 벽에 부딪히고 가구에 걸려 넘어졌다. 하지만 다시 집중하기 시작하자, 그의 내면과 외부 세계가 모두 활짝 열려서 자기 길을 찾아 자유로이 움직일 수 있었다. 그는 그곳에서 아무도 자기 승낙 없이는 내면의 빛을 끌 수 없다는 가장 소중한 교훈을 얻었다. 잠시 빛을 놓쳤을 때도 어디서 그 빛을 다시 찾을 수 있는지 알게 되었다.

그는 삶의 매순간에 주목할 수만 있다면 새 세상을 발견할 수 있다고 말한다. 그동안 우리가 믿었던 세상과는 180도 다른 세상을. 시력을 잃긴 했지만 이 사실을 깨달았기 때문에, 그를 진심으로 걱정하는 주변 사람들이 그가 눈이 멀어 끔찍한 '밤'에 갇혔다고 말할 때에도 그렇게 생각하지 않았다. 그는 이런 말로 마무리했다. "눈 뜬 사람들은 앞 못 보는 사람들을 믿지 않는다." 어쩌면 이 말이 성경에 낫기 원하는 맹인 이야기가 많이 등장하는 이유를 설명해주는지도 모르겠다. 누가 됐든 이 이야기를 기록한 사람들은 앞을 볼 수 있었을 테니까.

신학교에서는 이런 본문들을 영적 무지에 대한 가르침으로 해석해야 한다고 가르쳤다. 하지만 어떻게 해석하든 간에, 예수님이 도움을 청한 사람들 중에 극히 일부만 고쳐주셨다는 사실만큼은 분명하다. 그런가 하면 요한복음에 나오는 긴 치유 이야기 끝에는, 날 때부터 보지 못한 사내를 고치고 이런 이상한 말씀을 남기기도 하셨다. "내가 심판하러 이 세상에 왔으니 보지 못하는 자들은 보게 하고 보는 자들은 맹인이 되게 하려 함이라."[12]

루세랑의 책을 읽기 전에는 이 구절을 무서운 심판의 말씀으로 생각했지만, 이제는 희망이 담긴 메시지로도 읽힌다. 적어도, 어쩌다가 내가 눈 뜬 장님 신세가 되었는지에 대해 생각하게 만들었다. 예전의 나는, 눈이 보이니 무엇이든 대충 봐도 그 대상을 알 수 있다는 싸구려 확신을 가졌었다. 어떻게 내 안에서 빛이 작용하는지 집중해서 배우려 하지 않았다. 어리석게도 내가 사물의 진면목을 볼 줄 알고, 길의 행방을 알고, 누가 옳고 그른지를 아는 분명한 시야를 가지고 있다고 생각했다. 진짜 맹인이 되길 원한다는 말이 아니라, 진정한 신자가 되었다는 뜻이다. 어둠 가운데서 반짝이는 빛이 있고, 그 빛은 거기서만 보인다.

오늘 밤에는 달이 뜨지 않는다. 앞으로 사흘 가까이 달과 태양이 함께 뜨고 지기 때문에 별들만 밤하늘을 비출 것이다. 나는 성경에서 중요한 사건이 일어나려면 꼭 '사흘'이 걸리는 이유가 늘 궁금했다. 요나는 고래 배 속에서 사흘을 기다렸고, 예수님도 무덤에서 사흘을 기다리셨다. 바울은 다메섹에서 눈이 먼 채 사흘을 기다렸다. 이제는 그 이유를 알겠다. 먼 옛날부터 사람들은 하늘에 새 달이 뜨려면 며칠이나 어둠을 견뎌야 하는지 알았던 것이다. 그렇게 매달 사흘씩, 사람들은 부활을 연습했다.

"나 같은 죄인 살리신 주 은혜 놀라워. 잃었던 생명 찾았고 광명을 얻었네." 은혜는 광명을 얻는 것인지도 모른다. 하지만 오늘 밤만큼은 내게 필요한 은혜가 어둠 속에서 임할 수도 있을 것 같다. 어둠 가운데서 눈으로는 절대 볼 수 없는 천상의 빛을 보는 법을 배울 수 있으리라.

동굴 속으로

어둠 연구가 중반으로 접어들 무렵, 최근에 알게 된 친구가 동굴에 같이 가자고 했다.

내가 가본 동굴들은 하나같이 관람객을 위해 난간과 색 조명을 설치한 '관광 동굴'이었다. 어렸을 때는 아버지가 운전하시는 차를 타고 종종 가족 휴가를 가곤 했는데, 그때마다 동굴 체험이 빠지지 않았다. 나와 여동생들은 차 뒷좌석에서 만화책을 보는 게 몇 배는 더 좋았기 때문에, 안내판이나 관광 안내소가 보이기 시작하면 들어가고 싶지 않다고 떼를 쓰기도 했다. '록 시티'든 '매머드 동굴'이든 상관없었다. 동굴은 다 똑같이 어둡고 축축하고 휴지통 냄새가 났다. 난간은 끈적끈적하고 길은 너무 좁았다. 어느 동굴이든 하나만 보면 다른 동굴은 볼 필요가 없었다.

그런데 이번에 함께 가자고 하는 동굴은 관광 동굴과는 거리가 멀었다. 록웰이라는 이 친구는 은퇴한 장로교 목사인데, 50년 넘게 수많은 동굴을 다녔다. 록웰 부부가 사는 웨스트버지니아 근처에는 미국에서 가장 큰 동굴 단지가 있었다. 그는 내가 어둠에 대한 책을 쓰고 있다는 이야기를 듣고는 '야생' 동굴 내부의 칠흑 같은 어둠을 체험해보지 않겠냐고 제안했다. 생각만 해도 오싹한 것이, 용기를 실천할 수 있는 절호의 기회가 될 듯했다. 더군다나 성 파트리키우스와 프란체스코는 물론 부처, 예수, 무함마드도 모두 동굴에서 지낸 적이 있지 않았던가? 왜 그들은 남들이 기를 쓰고 피하려는 어두운 곳으로 들어갔을까? 거기서 무엇을 발견했기에 나중에 또다시 동굴을 찾았을까? 이런 생각에 나는 흔쾌히 승낙했다.

서늘한 10월의 어느 날, 버지니아 주로 가는 비행기에 올랐다. 록웰이 미리 읽고 오라고 당부한 바바라 허드의 《동굴 속으로*Entering the Stone*》도 챙겼다. 여행 가기 한 달 전쯤, 나의 동굴 무섬증이 얼마나 터무니없는 건지 알려줄 거라 기대하며 이 책을 읽기 시작했다. 그런데 오히려 저자는 내 이유 있는 두려움조차 턱없이 부족하다는 사실을 확인해주었다.

　야간 공포라는 말은 들어봤어도 동굴 공포라는 말은 처음이다. 저자는 난생처음 동굴에 들어갔을 때 이 동굴 공포를 느꼈다고 한다. 당시에 허드는 어린이 환경운동가 캠프에서 글쓰기를 가르치는 교사였다. 훈련 과정에는 가까운 동굴을 찾는 현장 체험 프로그램도 있었다. 허드는 사전 지식을 제공하는 차원에서 플라톤의 동굴 이야기를 들려주면서 문학 작품에서 동굴을 부활의 상징으로 자주 사용한다고 설명해주었다. 폐소공포증은 언급하지 않았지만, 체험 학습을 설명하면서 좁은 동굴 입구를 통과하려면 어쩔 수 없이 배가 결릴 수도 있다고 말해주었다.

　며칠 뒤, 허드와 학생 열한 명은 가이드 두 사람을 따라 줄사다리를 타고 아래로 내려갔다. 바닥은 높이 3미터에 너비 3미터인 진흙구덩이였다. 동굴 입구는 무릎 높이 정도로, 기찻길 모형의 터널처럼 둥글고 깔끔했다. 허드는 가이드가 굴을 통과하는 방법을 설명하는 동안 열심히 귀를 기울였다. "머리를 먼저 집어넣고, 팔꿈치를 붙이고 몸을 비트세요." 그렇게 끝까지 가면 바위 위에 터널 출구가 있다고 했다. 모두가 기어 내려가 아래쪽 큰 공간에 도착하고 나서야 일어나서 몸을 펼 수 있었다.

　허드는 "몸을 숙여서 통로 입구를 들여다보자마자 문제가 생겼다"

는 생각이 들었다. 그녀는 학생들이 차례로 한 사람씩 머리부터 사라지는 모습을 지켜보면서 계속 망설였다. 마지막으로 혼자 남은 그녀에게 가이드는 이제 준비되었냐고 물었다.

"네" 하고 대답은 했지만 차마 발이 떨어지지 않았다.

"괜찮으세요?" 가이드가 다시 물었다.

"그럼요." 그녀는 또다시 거짓말을 했다. 그러고는 무릎을 꿇고 몸을 숙여 팔꿈치로 땅을 짚고 굴속으로 머리를 들이밀었다. 가이드가 하라는 대로 앞으로 몸을 움직이니 주변이 점점 캄캄해지면서 헤드램프에서 비치는 불빛이 희미해졌다. 터널 안쪽으로 들어오자, 바람 같기도 하고 무슨 소리 같기도 한 것이 굉장히 빠르고 시끄러운 소음을 내며 그녀를 덮쳤다. 허드의 사촌이 운전하는 차를 덮쳤던 대형 트럭이었다. 사촌은 그 사고로 죽었다.

트럭이 난데없이 어디서 나타났을까? 겁에 질린 허드는 정신없이 후진해서 터널을 빠져나왔다. 뒤따르던 가이드도 덩달아 되돌아갈 수밖에 없었다. 구덩이로 돌아온 그녀는 몸을 펴고 일어나 줄사다리를 잡고는 숨 돌릴 틈도 없이 위로 올라갔다. 다시 햇빛이 비쳤다.

가이드가 아무리 이런저런 말로 설득해도 허드는 다시 도전할 엄두가 나지 않았다. 학생들이 돌아와서 동굴 속 이야기를 들려줄 때까지 그냥 기다리기로 했다. 설득하기를 포기한 가이드가 혼자 내려가자, 그녀는 방금 전 일어난 일을 곰곰이 생각해보았다. 폐소공포증은 아니었다. 어릴 때 좁은 곳에 숨는 걸 무척 좋아했던 그녀다. 그러면 환영이었을까? 잘 모르겠다. 시간이 흘러도 그녀는 자신의 동굴 공포를 설명할 수가 없었다. 하지만 이 동굴 공포의 실체를 알아내려면 다시 도전해보는 방법밖에 없다는 건 분명했다. 다른 동굴에 들어가보는 것이다.

나는 이미 동굴 체험에 동행하기로 했기 때문에 나머지 책 내용은 생존 지침 삼아 메모하면서 읽었다. 동굴에 갈 때는 최소한 세 종류의 빛이 있어야 한다. 물은 항상 넉넉히 챙기고, 숙련된 가이드와 함께 가라. '스퀴즈squeeze'는 매우 좁은 통로를 말하는데, 여기를 통과하다가 옷에서 단추가 떨어지거나 살갗이 긁히는 경우도 있다. 이름에서부터 짐작이 가듯, 건 배럴Gun Barrel, 잼 크랙Jam Crack, 일렉트릭 암피트 크롤Electric Armpit Crawl, 데빌스 핀치Devil's Pinch 같은 곳이 유명하다.

이런 곳에 끼었을 때 제일 좋은 방법은 돌을 관찰하는 것이다. 옴짝달싹할 수 없는 신세이니 현재 위치에 집중하는 편이 낫다. 당신이 끼인 곳은 얼마나 꽉 조이는가? 몸의 어느 부분이 가장 불편한가? 발이 닿는 바닥 부분은 모래인가, 진흙인가? 조명이 있으니 그것도 활용해 본다. 이 스퀴즈의 돌은 무슨 색인가? 회색인가 갈색인가, 한 가지 색인가 줄무늬인가?

불교에서는 공포에서도 배울 게 있다고 가르친다. 나 역시 세계 종교 수업 시간에 학생들에게 그렇게 가르치지 않았던가? 명상을 하려는 학생들에게 "여러분의 생각을 주의 깊게 관찰하는 법을 배우라"고 조언했었다. 생각의 흐름에 따라 감정이 어떻게 바뀌는지 살펴보라. 어떤 생각을 하면 어떤 감정이 따라오는지, 또한 어떤 감정이 사라지는지 집중해보라. 자신을 판단하지 말고, 계속 심호흡을 하라. 가르쳤던 내용들을 마음속으로 떠올려보면서, 이 모두가 한낱 이론에 불과하다는 걸 깨달았다. 내가 실제로 스퀴즈에 끼인다면 이 방법이 과연 효과가 있을지 자신이 없었다.

웨스트버지니아에 도착한 날 밤, 록웰 부부는 우리가 다음 날 가려는 동굴은 야생 동굴이기는 해도 그 안의 공간은 모두 널찍하다고 말해주었다. 이 주에 있는 동굴만도 천 개가 넘는데, 그중 우리가 갈 곳은 60킬로미터가 넘는 오르간 동굴의 일부라고 했다. 오르간 동굴은 1704년에 발견되었지만, 아직도 사람의 발길이 닿지 않은 구간이 200군데가 넘는다. 남북전쟁 당시 군인들은 이 동굴에서 휴식을 취하고 탄약을 제조했다. 오늘날 이 동굴은 미국에서 여덟 번째로 긴 동굴로 꼽힌다.

록웰이 오랜 세월 오르간 동굴을 탐험한 이야기를 들려주는 동안, 나는 여러 번 그의 말을 끊고 용어를 확인해야 했다. '덕 언더duck-under'는 물이 찬 통로를 말하는데, 이곳을 통과하려면 몸을 눕혀 하늘을 보고 위쪽에 조금 남은 공간에 코를 내놓고 움직여야 한다. '섬프sump'는 물이 꽉 차서 숨 쉴 공간도 없는 통로다. 이곳을 지나려면 이

구간이 빨리 끝나기를 바라면서 숨을 꾹 참고 건너야 한다. '버진 케이브virgin cave'는 사람의 발길이 한 번도 닿지 않은 동굴을 가리킨다. 록웰이 말하길, 동굴에 갔다가 돌아오는 길에는 이상한 일들이 벌어지곤 하는데, 다시 밝은 곳으로 돌아왔을 때는 그 일을 말로 설명하기가 쉽지 않단다. 그날 밤에는 자세한 내용을 이야기하지 않았지만, 그는 동굴 탐험가들이 '친절한' 동굴과 '불친절한' 동굴을 구별한다고 했다. 어느 동굴이 친절하고 불친절한지를 놓고서는 대개 의견이 일치하는데, 오르간 동굴은 친절한 동굴에 속하는 편이라고 한다.

록웰은 내가 정말로 원한다면 일부러 스퀴즈를 찾아줄 수는 있지만, 이번 탐사의 목적은 따로 있다고 했다. 희한하게도 안도감이 아니라 실망감이 들었다. 허드의 체험과 비교해보고 싶은 마음이 있었나 보다. 쏜살같이 질주하려고 기회를 노리고 있는 맥 트럭이 내 안에도 있는지 궁금했나 보다. 조금은 아쉬운 마음으로, 잠들기 전에 첫 번째 장을 다시 읽었다. 책을 읽으면서 왜 내 꿈은 동굴이 아니라 늘 다락방을 배경으로 하는지 궁금해졌다.

다음 날 아침, 실제 준비에 들어가자 더 이상 이런 생각을 할 만한 여유가 없었다. 우선 복장부터 챙겼다. 방한용 내의 위에 얇은 면 셔츠와 청바지를 입었다. 그런 다음, 청바지를 잠시 벗어두고 나중에 동굴 안에서 입을 파란색 전기 작업복을 입어봤다. 위아래가 붙은 이 옷은 방수와 피부 보호 기능이 있다고 했다. 그런데 막상 입고 보니 어떻게 행동해야 할지 무척 난감했다.

이 옷의 원래 주인은 키가 180센티미터인 록웰의 사위인데, 내가 입으니 지퍼를 다 올려도 한 사람은 더 들어갈 만큼 넉넉했다. 어딘가 보려고 거울 쪽으로 걸어가는데 옷에서 엄청 큰 소리가 났다. 천이 너무 뻣뻣하다 보니 걸을 때 서로 부딪히면서 플라스틱 갈퀴로 바닥을 긁는 듯한 소리가 났다. 거울 속에는 작업복 입은 청소부 같기도 하고, 가난한 나라의 우주 비행사 같기도 한 사람이 서 있었다. 짐짓 아무렇지 않은 척했지만 옷이 계속 말썽이었다. 하지만 이 옷은 작업복이니 나보다는 이 일을 잘 알 것이다. 이 옷은 동굴에도 들어갔다 왔고, 무슨 일을 해야 하는지도 알 것이다. 그래서 옷을 조종하겠다는 마음을 내려놓고, 옷이 나를 조종하게 내버려뒀다.

작업복을 다시 벗고 현관으로 나가니 록웰 부부가 기다리고 있었다. 커다란 탁자 위에는 헬멧, 헤드램프, 건전지, 물병, 무릎 보호대, 고무장갑, 발포 고무 방석이 널려 있었다. 야외에서 사용하는 이 방석은 오랜 시간 동굴 속에 앉아 있을 경우 엉덩이를 따뜻하게 보호해준다. 나는 적당한 크기의 물건을 골라서 가방에 넣고, 여분의 헤드램프, 보온셔츠, 울 모자, 사과 한 개, 핸드폰과 지갑을 챙겼다. 록웰의 차에 물건을 실으면서 불안한 마음이 커졌다. 바람이 불자 차 지붕과 땅바닥과 어깨 위로 작은 미사일 같은 호두 열매가 후드득 떨어졌다. 나는 안전모를 들고 서둘러 차에 올라탔다.

준비는 오래 걸렸는데, 동굴까지는 차로 2-3분밖에 걸리지 않았다. 밖은 완연한 10월이었다. 단풍나무는 울긋불긋 물들었고 차창으로 낙엽이 떨어졌다. 도착하니 주차장에는 꼬리 없는 주황색 고양이를 제외하고는 우리뿐이었다. 오래된 석회가마와 "팝니다"라고 써 붙인 인공 암벽 맞은편에 차를 세웠다. 그 옆으로는 계단을 몇 개 올라가면 널찍한 현관이 나오는 통나무로 된 기념품 가게가 있었다.

한 여자가 계단을 내려와 우리를 맞았다. 어젯밤 저녁식사 자리에서 록웰 부부가 미리 이야기해준 사람이었다. 두어 해 전, 오리건 동굴이 경매에 나왔을 때 그녀의 가족이 낙찰을 받았다고 했다. 이곳에서 3-4킬로미터 떨어진 곳에 큰 목장을 운영하면서, 관광객에게 표를 팔고 소풍 오는 학생들을 맞는 등 동굴을 관리하고 있었다. 록웰을 노련한 동굴 탐험가로 아는 그녀는 일반인에게 공개하지 않는 동굴 깊은 곳으로 들어가는 문의 열쇠를 기꺼이 내주었다. 그 문 너머에는 60킬로미터에 달하는 야생 동굴이 있다.

오르간 동굴은 누구나 좋아할 만한 곳이었다. 역사학자라면 남북전쟁 관련 전시물에, 생물학자라면 얕은 웅덩이 속 미생물에, 지질학자라면 노출된 암석에 흥미가 있겠지만, 유독 진화론자에게만큼은 폐쇄적이었다. 이 지역 대다수 주민처럼 동굴 주인 일가도 보수적인 그리스도인들이어서 성경의 창조론을 믿기 때문이었다. 기념품 가게에 비치된 안내문에 따르면, 오르간 동굴은 지구의 다른 동굴들과 같은 시기에, 즉 하나님이 물과 뭍을 나누시기 전, 깊은 곳의 물이 드러난 후에 만들어졌다.

우리 세 사람은 작업복을 입고 램프를 확인하고 가방을 메고는, 나무 통로를 건너 동굴 입구로 이동했다. 고래처럼 입을 벌린 입구 위쪽에서부터 넝쿨 식물이 늘어져 있었다. 아래쪽에는 지난 홍수 때 쓸려 내려간 나무 밑동과 줄기가 보였다. 동굴 입구를 지나니 서서히 빛이 줄어들었다. 불투명한 유리를 여러 장 포개놓은 것처럼 낮과 밤 사이에 존재하는 빛의 모든 단계를 보는 듯했다.

허드도 책에서 이 중간 지대를 언급했다. 이곳에서 동굴에 사는 동물과 동굴 탐방객이 만난다. 여기서 더 이상 밖으로 나가지 못하는 동물도 있고, 더 이상 안으로 들어가지 못하는 사람도 있다. 동굴 탐방객인 내 눈은 어둠에 적응되어 있지 않고, 동굴에 있는 먹거리만으로는 살 수 없다. 하지만 동굴 탐방객은 자기만의 이유로 동굴에 끌리는 사람이다. 동굴에서 곰은 동면을 하고 새끼를 낳는다. 박쥐와 개구리는 더위를 식히고, 너구리와 스컹크는 비를 피한다. 그러면 사람들은 왜 동굴에 올까? 답하기 쉽지 않지만, 우리는 동굴에 있는 것을 보고, 우리가 발견한 것 가운데서 자신의 존재를 찾기 위해 동굴로 향한다.

동굴 입구에서 동굴을 좋아하는 생명체와 마주친다. 지렁이, 꼽등이, 도룡뇽, 거미 같은 동물들은 원하기만 하면 평생 이곳에서 살 수도 있다. 이 중 다수는 동굴 탐방객들이 가져오는 것을 먹고 산다. 너구리가 반쯤 먹다 남긴 쥐는 어두워지면 나타나는 귀뚜라미와 딱정벌레들에게 좋은 먹이가 된다. 동굴 탐험가가 떨어뜨린 빵 부스러기는 균류가 번식할 수 있는 숙주를 제공한다.

이 중간 지대는 음식뿐 아니라 마음이 오가는 곳이기도 하다고 허드는 말한다. 빛과 어둠을 가르는 이 문턱에서는 아직 양쪽에 기회가 있다. 안으로 들어갈 수도 있고, 밖으로 나갈 수도 있다. 더 들어가게 되면 뭘 잃게 되는지 아직은 확인 가능하다. 고래 입안에서 뒤를 돌아보니 둥근 빛이 눈에 들어온다. 동굴 입구 가장자리를 장식한 초록 넝쿨 안쪽으로 빛이 쏟아져 들어오고, 부는 바람에 황금빛 나뭇잎이 우수수 떨어진다. 나뭇가지가 비거덕 소리를 내고, 새가 운다. 뒤돌아 다시 동굴 쪽을 보니 온통 잿빛이다. 잿빛 돌, 잿빛 그늘, 잿빛 공간. 이곳엔 음악도 온기도 음식도 없다. 하지만 그런 것을 찾아 여기에 오지는 않았다. 나는 어둠을 찾아 왔고, 이곳에는 어둠이 가득하다.

아니, 어둠이 가득하려면 조금 기다려야 할지도 모르겠다. 내가 있는 곳은 아직 중간 지대인 관광 동굴이다. 바닥이 평평하고 난간도 있다. 2미터 간격으로 조명이 있어서 길 앞쪽을 훤히 비춰준다. 지도를 보니 이곳이 '채플룸Chapel Room'이란다. 예전에 이 동굴을 쉼터로 삼았던 연합군이 여기 모여 예배를 드렸다고 한다. 동굴 주인이 중간 지대 곳곳에 설치한 군복 입은 마네킹들은 당시 역사를 더 실감나게 보여준다. 높은 바위에 서 있는 마네킹은 우리 눈에는 보이지 않는 군대에 명령을 내리고 있고, 또 다른 마네킹은 무릎을 꿇고 기도하고 있다.

록웰 부부를 따라 조금 더 안쪽으로 들어가니 '호퍼룸Hopper Room'이 나왔다. 조명이 없는 이곳에는 탄약 재료인 질산칼륨을 만드는 데 썼던 낡은 목재 호퍼와 마네킹들이 설치되어 있다. 비교적 상태가 괜찮아 보이는 호퍼와 달리 마네킹은 으스스한 느낌을 준다. 오랫동안 먼지 쌓인 채 방치된 탓이기도 하지만, 여자 마네킹인데 모두 얼굴에 덥수룩한 갈색 턱수염을 붙이고 있어서다. 록웰은 여기서 처음으로 어둠 체험을 해보겠다고 했다.

각자 자리를 잡고 앉아 헤드램프를 끄고 어둠에 온몸을 맡긴다. 앞이 캄캄하다. 채플룸에서 흘러들어오는 빛조차 없다. 희미하게 비치는 시계 숫자도 보이지 않는다. 달도 없다. "얼마나 컴컴한지 얼굴 바로 앞에 있는 손도 안 보여"라고들 말하는 그런 어둠이다. '어둠 속의 대화'와 다른 점이 있다면, 아무도 말하는 사람이 없다는 것이다. 그러니 시각적으로 보이지 않는 걸 보완해줄 청각이나 촉각도 의미가 없다.

이미 훈련된 록웰 부부는 숨소리조차 내지 않는다. 동굴 내에 들리는 소리는 하나도 없다. 시각과 함께 청각마저 닫힌 셈이다. 지금까지 가본 중에는 시나이 사막이 가장 적막했다. 그곳을 흐르는 침묵이 얼마나 두텁던지 침묵이 살아 있는 것만 같았다. 어머니 배 속으로 돌아간 것처럼 낯설면서도 그렇게 편안할 수가 없었다. 차이가 있다면, 모태는 사막보다 훨씬 더 고요해서 어머니의 심장 고동과 허파 소리까지 들렸다는 것 정도이리라. 이렇게 내 심장 소리가 크게 들린 적이 있었을까? 그 소리를 제외하고는 아무 소리도 들리지 않았다. 한참 후에야 비행기 소리에 고개를 들어 보니, 비행기가 아니라 사막이 내 쪽으로 날아오고 있었다. 그것은 내 머리 위로 요란하게 날아오며 도플러 효과를 일으키고는, 날개 소리가 점점 더 희미해지더니 더 이상 아무 소리도 들리지 않았다.

이후로 한참 동안 아무 소리도 들리지 않다가, 언제부턴가 고압 전선이 윙윙거리는 소리가 났다. 반경 수 킬로미터 내에 전선 같은 건 없으니 내 안에서 나는 소리가 틀림없었다. 여러 번 시행착오 끝에 턱을 앙다물었다 폈다 하면서 소리를 키우기도 하고 줄일 수도 있었지만, 아예 멈출 수는 없었다. 한 번도 들어본 적은 없지만 분명 살아 있는 내 몸이 내는 소리였다. 고요한 사막 한가운데서 내가 살아 있다고 말해주는 소리가 들렸다.

몇 년 후에 미국의 작곡가 존 케이지가 똑같은 이야기를 하는 걸 들었다. 소리만큼이나 침묵을 열심히 찾아다니는 것으로 유명한 그는 언젠가 순도 100퍼센트의 침묵을 체험하려고 하버드 대학교 방음실에 홀로 앉았다. 그는 그 방에서 높은 음과 낮은 음의 두 가지 소리를 확인하고는 음향 기사에게 무슨 소리인지 물었다. 음향 기사는 높은 음은 몸의 신경계에서, 낮은 음은 순환계에서 나는 소리라고 말해주었다.

무목적無目的이라는 개념을 알려준 이 체험은 그의 삶과 음악에 큰

전환을 가져왔다. 그럴 의사가 전혀 없었는데도 몸에서 소리가 났다. 이런 무목적을 음악에 적용한다면 어떤 소리가 날까? 그는 이렇게 말했다. "제가 뭘 하고 있는지 그 즉시 깨달음이 오지는 않았습니다. 시간이 많이 흐르고 나서도 알게 된 것은 별로 없습니다. 저는 작곡을 합니다. 그런데 어떻게? 저는 선택을 포기하고, 그 자리에 수많은 질문을 채워 넣었습니다."[1]

다시 동굴 이야기로 돌아가서, 나도 내가 뭘 하고 있는지는 모르지만 어쨌든 좋다. 시간을 모르니 서두를 이유가 없고, 빛이 없으니 겉모습에 신경 쓰지 않아도 된다. 옆에 아무도 없으니 굳이 이야기를 꺼내지 않아도 된다. 무엇보다도 이곳은 안전하다. '호퍼룸'에 있는 마네킹도 무섭지 않다. 동굴에 들어온 지 얼마 안 되어서 시간을 어떻게 활용해야 할지는 잘 모르겠다. 나도 존 케이지처럼 잠시나마 선택을 내려놓고, 그 빈자리에 질문을 채워 넣어야 할지도 모르겠다.

어떤 사람은 어둠을 무서워하고 어떤 사람은 무서워하지 않는 이유는 무엇일까? 같은 사람이라도 어둠이 무서울 때가 있고 그렇지 않을 때가 있는 건 무슨 까닭일까? 동굴 탐험가들은 어떻게 친절한 동굴과 불친절한 동굴을 구별할 수 있을까? 빛이 있으면 사람들은 실제로 무서움을 덜 타는 것일까, 아니면 빛은 안심 담요에 불과한 것일까? 내가 확실히 아는 한 가지는 동굴을 잘 아는 사람과 함께 동굴에 들어가는 것이 최선이라는 것이다. 이 동굴에 홀로 앉아 있는 것은 상상만 해도 끔찍하다.

어둠 속에서 록웰이 차분하게 입을 열었다. "잠시 후에 불을 켜겠습니다." 우리가 몇 분이나 거기 앉아 있었는지 문득 궁금해졌다. "여러분도 준비가 되면 불을 켠 후에, 함께 이동하겠습니다." 몸을 일으켜 그의 목소리가 들리는 쪽으로 돌아가니, 때마침 록웰과 매리언이 헤드램프를 켠다. 두 사람은 연인처럼 서로 기댄 채 같은 돌에 나란히 앉아 있다.

'호퍼룸'을 나서자마자 보이는 철문이 앞길을 가로막고 있다. 뒤쪽의 관광 동굴과 앞쪽의 야생 동굴을 구분하는 경계선이다. 록웰은 열쇠를 꺼내 고대 유물처럼 보이는 자물쇠에 꽂았다. 매리언과 내가 그를 따라 열린 문을 통과하니, 그는 다시 문을 닫고 잠근다. 평평한 길과 난간, 전기 조명과는 이제 작별이다. 갓 태어난 오리 새끼가 머릿속에 어미를 각인하듯, 나도 그를 각인하는 순간이다. "당신이 가시는 곳에 나도 가겠습니다."

우리가 쓴 헤드램프는 셋이 나란히 걸어갈 수 있을 정도의 폭과 안전모가 긁히지 않을 정도의 높이, 딱 그 정도만 터널 안을 비춰준다. 걸을 때마다 작업복에서 나는 요란한 소리에는 이제 익숙해져서 거의 신경이 쓰이지 않는다. 낮은 천장에 매달린 작은 박쥐들도 별로 개의치 않는 눈치다. 그중 한 마리에게 가까이 다가가니, 졸린 눈을 부릅뜨고 나를 한번 쳐다보고는 벨벳 망토 같은 날개를 더 끌어올려 눈을 가린다. 록웰이 걸어가면서 손으로 가리킨 곳에는 남북전쟁 당시 피운 초의 그을음이 100년이 지난 지금까지 남아 있는 벽감이 있다. 그 밖에도 좌우로 작은 터널들이 나타났다 어둠 속으로 사라졌다.

록웰은 조금 더 가서 왼쪽으로 꺾어지는 길목에서 멈춰 섰다. 여기서부터는 가파른 오르막길이다. 그는 앞서 가면서 손을 잡고 우릴 이끌었다. 거추장스럽던 복장이 진가를 발휘하는 순간이었다. 가벼운 신발이었다면 미끄러졌을 법한 곳도 바닥이 묵직한 부츠 덕분에 안전하게 디딜 수 있었다. 뾰족한 바위를 타고 올라가도 무릎 보호대가 있어 하나도 아프지 않았다. 방수 기능을 갖춘 작업복은 피부를 한 겹 더 씌운 것처럼 체온을 유지해주고 여기저기 부딪힐 때마다 완충 작용을 했다.

끝까지 이를 악물고 올라가니 널찍한 공간이 기다리고 있었다. 헤드램프는 어느 방향이든 50센티미터 앞까지만 비춰주기 때문에 그곳이 얼마나 넓은지 한눈에 들어오지 않지만 느낄 수는 있다. 이 공간이 내뿜는 에너지는 어마어마하다. 무도회를 앞두고 완벽하게 준비를 마친 무도회장처럼 생생하고 거대한 느낌이랄까.

록웰이 앞서 걷고, 매리언과 나는 조명이 비치는 가장자리에 보이는 둥글고 하얀 물체를 살펴보려고 잠시 멈춰 섰다. 지난 홍수 때 쓸려온 나뭇잎들에 민들레 홀씨처럼 크고 둥근 백곰팡이가 피었다. 이렇게 깊은 동굴에서는 유기물을 찾기 어려웠을 테니 곰팡이 입장에서는 광야의 만나 같은 존재이리라.

록웰이 어두운 데서 한 번 더 쉬어가자고 했다. 다들 자리 잡고 앉아 램프를 껐다. 크게 세 번 심호흡을 하면서 이 동굴 냄새를 표현해줄 적당한 단어를 찾아본다. 축축한 퇴적암 냄새, 부엽토 냄새, 지하수 냄새, 박쥐 냄새. 이런 곳에 홀로 있고 싶지 않은 마음이 큰 만큼 록웰 부부에게 기대는 마음이 커서 자꾸 중요한 것을 잊어버린다. 록웰은 이 널찍한 공간에 도착하자마자 우리가 들어온 곳에 야광 표시를 했다. 돌아가는 길을 잃어버리지 않기 위해서다. 허드가 이 일을 잊었을 때에도 그녀의 가이드가 지적해주었다. "동굴에서는 항상 뒤를 보세요. 2-3분마다 꼭 돌아보세요. 들어온 길과 나가는 길은 전혀 달리 보이니, 바위 뒷모습과 방금 통과한 터널 모양을 반드시 기억해야 합니다. 모든 경사면을 반대편에서도 봐야 합니다."[2]

헤드램프를 끄고, 동굴 대신 상담실에서 이와 비슷한 과정에 얼마나 많은 시간을 투자했는지 생각해본다. 어린 시절이라는 바위 주변을 걸으면서 각도에 따라 그 모습이 어떻게 달리 보이는지 살피고, 어둠 속에서 몇 달을 보내고 빠져나온 터널을 자세히 들여다보고, 위쪽에서는 보이던 난간이 왜 아래쪽에서는 보이지 않았는지 궁금해했었다. 상담과 동굴이 다른 점이 있다면, 상담은 나를 돌아보는 과정에서 다른 출구를 찾기 때문에 들어온 길로 다시 나갈 수 없다는 것이다. 그런 면에서 동굴은 미궁과 더 비슷한 것 같다. 길을 벗어나지만 않으면, 아무리 시간이 많이 가도 길을 잃는 법은 없다. 물론 술을 마신 경우는 예외다. 길은 돌고 돈다. 나가는 길과 들어오는 길이 똑같다. 동굴처럼 길은 변하지 않는다. 돌에 고정되어 있다. 사람은 자신이 알아야 할 것을 가르쳐주는 길을 신뢰하고 뒤돌아보지 않고 앞으로 나아간다. 그 길을 걷는 사람이 변하는 것뿐이다.

동굴이 미궁labyrinth과 미로maze 중 어느 쪽에 더 가까운지를 고민하다 보니, 허드의 가이드가 했다는 말이 떠오른다. "동굴에는 낭만적인 것도 없고, 으스대는 것도 없습니다. 동굴에서 그런 것들은 하나같이 골칫거리죠."[3] 생각하는 사이 두 번째 어둠 체험을 마무리하고, 헤드램프를 켜고 말없이 더 깊은 동굴 속으로 걸어갔다. 갈수록 점점 더 공간이 넓어지는 바람에, 한 시간을 걸었는지, 두 시간을 걸었는지, 아니면 반나절을 걸었는지 가늠이 되지 않는다. 천장이 점점 낮아지면서 폭이 좁아지는 공간에 다다르자 돌무더기 위를 걷던 록웰 부부가 속도를 줄였다.

"제가 앞서 가도 될까요?" 하고 물으니, 록웰이 흔쾌히 수락했다.

"맘에 드는 장소를 찾으면 자리에 앉아서 헤드램프를 끄세요. 작가님 램프가 꺼지면 저희도 끄겠습니다. 이번이 오늘의 마지막 체험이될 테니, 가장 길게 시간을 드리도록 하겠습니다."

자신의 한계를 시험하는 어린아이처럼 나는 두 사람의 목소리가 들리지 않는 곳까지 앞서 갔다. 멀리 갈수록 벽이 가까워지고 천장이 낮아지더니 바위로 둘러싸인 야트막한 터널 입구가 나왔다. 여기가 동굴 산도産道일까? 이쯤이 적당해 보여서 자리 잡고 앉아 램프를 끄려는데, 머리 바로 위쪽에서 뭔가 불꽃이 튀었다. 일어서서 자세히 살펴보니, 길쭉하게 갈라진 돌 틈에 깨알 같은 결정체가 가득 차 있는데, 하나하나 빛을 받아 황홀하게 반짝이고 있다. 동굴 탐험 기념품으로 이보다 더 좋은 게 있을까? 헤드램프로 결정이 깨진 곳을 비추어 그중에서 가장 반짝이는 조각을 하나 골라 가방에 챙겨 넣고는, 불을 끄고 어둠 속에 앉았다.

이번에는 동굴에서 인생이 바뀐 영적 거장들을 생각한다. 석가모니는 동굴에서 정기적으로 명상을 했고, 제자들도 그의 본보기를 따르고 있다. 그래서 인도, 중국, 티베트로 단체 여행을 가면 대개 명상 동굴이 패키지에 포함된다. 부탄에 가면 위대한 스승이 손 하나 까딱하지 않고 의식만으로 바위를 파내고 앉아서 수련하던 자리라며, 그 앞에서 절을 하라고 할지도 모른다.

무함마드는 메카에서 4킬로미터쯤 떨어진 자그마한 산굴에서 한 번에 며칠씩 명상과 기도에 전념했다. 나중에 권능의 밤Night of Power으로 불리게 되는 그날, 가브리엘 천사가 그를 찾아왔다.

가브리엘의 "읽으라!" 하는 말에, 무함마드가 "뭘 읽으라는 말입니까?" 하고 되묻자, 가브리엘이 코란의 첫 대목을 들려주었다고 한다. 그렇게 코란은 동굴에서 세상으로 흘러나왔다.

예수님은 동굴에서 태어나고 동굴에서 부활하셨다. 대다수 사람처럼 나도 베들레헴 마구간이라고 하면 나무로 지은 헛간에 짚을 깐 모습을 상상했었다. 그런데 웨스트뱅크에 있는 예수탄생교회에 가본 뒤로는 생각이 달라졌다. 그곳에서 예수님 시대에는 동굴이 최고의 마구간이었다는 사실을 알게 된 것이다. 판자 사이로 바람 들이치는 소리도 나지 않고, 몰래 다가오는 포식자도 차단할 수 있는 곳. 예수님이 태어난 곳은 사실 예수탄생교회 내부가 아니라 그 아래쪽, 즉 제단 밑작은 동굴이라고 할 수 있다.

예수님이 부활하신 동굴은 오래전에 사라지고, 예루살렘에 있는 거대한 성묘교회가 그 자리를 차지하고 있다. 오늘날 관광객들은 줄을 서서 묘소에 들어가는데, 묏자리라고 해봐야 땅에 난 구멍에 불과하다. 거기서 벌어진 일을 확실히 아는 사람이 아무도 없으니 차라리 이편이 나은지도 모르겠다. 사람들 말을 종합해보면, 동굴 입구를 돌로 막았기 때문에 부활을 목격한 사람은 아무도 없었다고 한다. 부활하신 예수님을 보았다는 사람들은 다 부활 사건 이후에 그분을 만났다. 예수님은 어두운 동굴 속에서 다시 사셨다.

오랜 세월 수많은 부활절 설교를 들었지만, 이 부분을 언급한 설교자는 본 적이 없다. 설교의 단골 소재는 부활절 장식용 백합이나 나팔소리, 밝은 빛 한 줄기 등인데, 실제 부활과는 거리가 먼 것들이다. 예수님이 동굴에서 부활하셨다면, 그곳은 완전한 침묵과 완전한 어둠,

축축한 돌 냄새와 파낸 흙냄새로 가득했을 것이다. 오르간 동굴 가장 깊은 곳에 앉아 새 생명은 어둠에서 시작된다는 진리를 생각해본다. 땅 속 씨앗이든, 엄마 배 속 아기든, 무덤 속 예수님이든, 모든 새 생명은 어둠에서 시작된다.

거기까지 생각하고 머릿속을 비운다. 아무 생각 없이, 다정하고 포근한 어둠 속에 잠자코 앉아서 최선의 방법으로 나를 지운다.

돌아갈 시간이 되어 록웰 부부를 따라 동굴 밖으로 나오면서, 두 사람이 얼마나 훌륭한 가이드인지 다시 한 번 생각했다. 록웰과 매리언은 나를 안전하게 보호하면서도 용기를 내서 시도할 수 있게 배려했다. 명령조로 다그치지 않으면서도 제대로 된 방향으로 이끌어주었다. 두 사람은 여러 번 와본 곳이지만, 나 스스로 동굴을 탐색할 수 있도록 도와주었다. 어쩌면 이것이 목회 상담가와 영성 지도자의 차이인지도 모르겠다. 우리는 동굴에서 나가기 위해 도움이 필요할 때는 상담가를 찾고, 더 깊은 동굴 속으로 들어갈 준비가 되었을 때는 영성 지도자를 찾는지도 모른다. 다음에 누군가가 동굴 문제로 나를 찾아올 때면 이 사실을 기억할 수 있기를 바란다. 나가는 길이 곧 들어온 길이라는 사실을.

잠시 후 이 동굴의 두 왕국, 즉 관광객이 보는 동굴과 탐험가가 보는 동굴을 가르는 문 앞에 다시 섰다. 문을 열고 통과한 다음 다시 걸어 잠갔다. 표시된 길을 따라 매리언과 내가 동굴 입구로 걸어갈 수 있도록 록웰이 옆으로 비켜섰다. 밖으로 나오는 길에, 야트막한 연못에 시험관을 집어넣고 생명체를 찾는 학생들과 마주쳤다. 입구와 가까워질수록 더 많은 색깔이 보였다. 처음에는 갈색, 그다음에는 초록색, 노란색, 마지막으로 계단 맨 위로 알파벳 'O'처럼 동그란 모양을 한 10월 하늘의 찬란한 푸른빛이 시야에 들어왔다.

그날 밤, 숙소에서 짐을 풀다가 가방 맨 밑에서 돌을 하나 발견하고는 깜짝 놀랐다. 어두운 동굴 속에서 밝게 빛나던 모습이 떠올라 자그마한 불꽃놀이를 기대하며 독서등 아래 비춰보았는데, 이건 그냥 평범한 자갈이다. 한쪽으로 희미한 광채가 도는 회색 돌멩이, 마당에 던져놓으면 아무도 거들떠보지 않을 법한 흔한 돌멩이. 그런데 왜 나는 이 돌을 보석처럼 생각했을까?

돌이 문제가 아니라 빛이 문제였다. 독서등도 과하다. 가방을 뒤져 펜라이트를 꺼내서 불빛을 비췄더니, 그제야 아까 동굴에서처럼 눈 앞에 황홀한 다이아몬드 공장이 펼쳐진다. 소인小人이 되어 이 돌의 입구로 걸어갈 수 있다면, 발밑에는 크리스털 융단이 깔리고 머리 위로는 크리스털 천장이 빛날 것만 같다. 이 돌은 빛으로 가득하지만 어두울 때만 빛난다. 다시 불을 켜면 흔한 돌멩이로 돌아가버린다.

아니, 어쩌면 내 눈이 평소에 보던 방식으로 돌아가는지도 모른다. 천상의 빛을 기대하며 동굴에 들어갔을 때는 이 돌이 그렇게 작다는 생각이 들지 않았다. 그런데 여기서 보니 겨자씨만 하다. 고정관념이 얼마나 큰 걸림돌인지 보여주는 확실한 예다. 나는 늘 크고 밝고 거룩한 것만 찾아 헤매는데, 하나님은 작고 어둡고 하찮은 것을 내 주머니에 슬쩍 집어넣으신다. 내 기준에 맞지 않는다는 이유만으로 얼마나 많은 보물을 그냥 지나쳤던 걸까? 이날 얻은 한 가지 교훈은 하나님에 대한 헛똑똑이 같은 내 생각을 내려놓고 그분이 정말로 어떤 분인지 눈 뜨는 법을 배워야 한다는 것이다. 야생 동굴이든 아니든, 하나님은 절대 놓치고 싶지 않은 동굴이 틀림없으니까.

불을 끄기 전에 어둠 체험에서 가져온 보물을 빨간 손수건에 조심스럽게 싸서 짐 사이에 잘 챙겨두었다. 내일 아침에 잊지 않도록. 동굴에서 가져온 유일한 기념품인데, 이거면 됐다.

영혼의 어두운 밤

가만히 있으라. 당신 앞의 나무들과 옆의 덤불은 길을 잃지 않았으니. 당신이 있는 곳은 어디든 '여기'이니, 당신은 이곳을 힘 있는 낯선 사람으로 대해야 한다. 이곳을 알아도 좋을지, 이곳에 당신을 알려도 좋을지 허락을 받아야 한다.

데이비드 웨거너

사람마다 어둠을 다르게 생각하듯 영혼의 어두운 밤도 마찬가지다. 사랑하는 사람을 잃은 뒤의 시간을 이렇게 표현하기도 하고, 힘든 결정을 앞둔 시간을 이렇게 표현하기도 한다. 어떤 상황이든 공통점은, 때로 믿음이 흔들릴 정도로 혹독한 영혼의 시련을 겪는 통제 불가능한 시기를 가리킨다는 것이다. 어두운 밤을 선택하는 사람은 아무도 없다. 어두운 밤이 우리를 찾아올 뿐이다.

어두운 밤이 닥칠 때 우리 영혼을 가장 괴롭히는 현실은 하나님의 부재다. 하나님이 빛이시라면, 어두운 곳에는 그분이 계시지 않는다. 어두운 밤에는 은은한 빛이 비치는 안전한 공간 따위는 없다. 아무 일도 없을 거라고 영혼을 안심시키는 위로의 소리도 들리지 않는다. 당신의 형편을 살피려고 친구들이 찾아오더라도, 잿더미에 앉은 욥을 찾아왔던 친구들만큼이나 위로가 되지 않는다. 어둠의 벽이 너무 두터워서 안에 갇힌 영혼은 외부와 접촉할 길이 없다. 좋든 나쁘든 어둠 속에 있는 당신을 대신해줄 사람은 아무도 없다. 이 어둠은 오롯이 당신의 몫이고, 어둠을 통과하는 것만이 유일한 해결책이다.

그러면 어찌해야 할까? 뇌에 신비로운 화학 물질을 처방해주기를 기대하며 의사를 찾는 사람도 있을 테지만, 영적 구도자들에게는 하나님의 개입과 정신병을 구별해주는 외부의 도움이 필요하다. 당신이 무언가에 접근하지 못하도록 경고할 때, 두려움이 사용하는 목소리의 다양한 말투를 배우는 것도 도움이 될 수 있다. 내 두려움은 마음의 평정을 흐트러뜨리는 무언가에 방해받고 싶지 않을 때 사용하는 말투가 있다. 부두를 막 떠나려 할 때 사용하는 말투는 또 달라서 훨씬 낮은 음역에 있다. 어두운 밤에는 둘 다 나름 쓸모가 있지만, 이 둘을 구별하기가 늘 쉽지만은 않다.

영혼의 어두운 밤을 처음 경험할 때는 이것이 하나님이 주시는 시험인지 아니면 내가 저지른 일에 대한 벌인지 궁금한 게 당연하다. 이런 고민은 어떻게든 지금 상황을 통제해보려는 마음에서 나온 경우가 많은데, 만약 스스로 이 상황을 초래했다면 시험을 통과하든 벌을 견디든 스스로 상황을 정리하는 것도 가능하다는 뜻이기 때문이다. 아무런 손을 쓸 수 없다는 더 암울한 가능성을 처음부터 고려하기에는 너무 끔찍하다. 사실이 그렇다면 평소 당신이 불을 밝히는 데 사용한 전략들은 효과가 없을 것이기 때문이다. 어두운 밤을 겪을 때 가장 힘든 것은 어둠에 굴복하느냐 아니면 저항하느냐를 결정하는 것이다. 선택은 결국 하나님의 성품과 행하심에 대해 믿는 바로 압축된다. 영혼의 어두운 밤은 곧 믿음과 씨름하는 것이다.

이쯤에서 신앙과 믿음, 확신과 신뢰의 차이를 설명하는 게 좋지 않을까 싶다. 내가 말하는 '하나님'의 뜻을 분명히 하는 것도 도움이 되리라. 하지만 어두운 밤을 지날 때는 이 모든 정의에 대해 의문을 갖게 되니, 정의 내리는 것 자체가 시간 낭비일지도 모르겠다. 앞서 언급했다시피, 어두운 밤에 대한 생각이 많아질수록 정작 눈앞에서 벌어지고 있는 상황은 놓치기 쉽다는 것도 문제다.

어두운 밤의 대가로 잘 알려진 16세기 수도자 십자가의 요한은《영혼의 어두운 밤*The Dark Night of the Soul*》이라는 책으로 유명하다. 그는 수도원 감옥에서 11개월간 갇혀 지내면서 이 책을 쓰기 시작했다.

요한은 키가 150센티미터도 채 되지 않는 아담한 체구여서, 아빌라의 테레사는 그를 '작은 성자'라고 불렀다. 십자가의 요한과 테레사

수녀는 둘 다 고독과 기도를 강조하고 검소한 삶을 이상으로 삼는 카르멜회 소속이었다. 하지만 두 사람이 수도회에 들어갈 무렵에는 이미 이런 비전은 많이 퇴색된 상태였다. 테레사가 있는 수녀원에 사는 200명 남짓한 수녀들은 호화로운 방에서 친척 및 하인들과 함께 기거했다. 수녀들은 기도는 했지만, 침묵과 고독의 시간은 찾아보기 어려웠다. 테레사가 카르멜회의 원래 이상에 걸맞은 새로운 수녀원을 세우겠다고 나서자 동료 수녀들과 남자 수도사들이 거세게 반대했다. 테레사는 모든 난관에도 불구하고 1562년에 아빌라의 성 요셉 수녀원을 세웠다.

테레사는 남자 수도사들이 함께하지 않으면 개혁이 수포로 돌아갈 것을 잘 알았기 때문에 남성 수도원을 세울 조력자를 보내달라고 기도하기 시작했다. 십자가의 요한은 그 기도의 응답이었다. 테레사보다 스물일곱 살 아래인 그는 기꺼이 그녀의 제자가 되었고, 얼마 안 있어 두 사람은 새로운 남성 카르멜회 수도원을 세웠다. 1572년, 요한은 테레사가 최초로 세운 아빌라 성육신 수녀원의 영성 지도자가 되었다. 요한과 테레사의 개혁에 반대했던 카르멜회 수사들이 이들의 성공을 곱게 볼 리 없었다. 3년 후, 요한의 윗사람들은 수녀원에서 하는 일을 그만두라고 했지만 그가 거부하면서 카르멜 수도회에서 범법자로 낙인 찍혔다.[1]

1577년 12월 2일 밤, 요한이 머무는 수도원에 사람들이 들이닥쳐서 그와 다른 수사 한 명을 눈을 가리고 결박하여 톨레도에 있는 한 수도원으로 납치했다. 요한이 테레사와 하는 일을 그만두지 않겠다고 하자, 매질을 하고 수도원 감옥에 가두고는 약간의 빵과 물로만 연명하게 했다. 목욕을 할 수도, 옷을 갈아입을 수도 없었다. 다른 수도사들에게 돌아가며 매를 맞는 '원형 징계' 시간 이외에는 옥 밖으로 나가지도 못했다.

두 달 뒤에 감금된 독방은 벽 틈으로 들어오는 가느다란 빛줄기를 제외하고는 사방이 어두웠다. 그는 그곳에서 위대한 작품들을 쓰기 시작했다. 처음에는 어두운 데서 머릿속에 떠오른 내용을 암기했지만, 나중에는 친절한 간수의 도움으로 글을 쓸 수 있었다. 9개월 후에 탈옥하여 개혁 카르멜회에 대한 박해가 덜한 스페인 남부로 도망가서도 어둠 속에서 얻은 교훈을 계속 글로 옮겼다.

요한의 유명한 책 제목을 들은 대다수는 인생에서 가장 끔찍한 시기를 견뎌낸 생존자의 회고록이겠거니 생각한다. 많은 사람이 '어둠' 하면 자동으로 '불길함'을 떠올리기에, 독자들은 《영혼의 어두운 밤》을 펼치면서 끔찍한 그 밤에 대한 묘사와 하나님에 대한 믿음으로 힘겨운 시기를 통과한 이야기가 주로 등장하리라고 기대한다.

그런 독자들은 이런저런 이유로 크게 실망할 것이다. 우선 요한은 종교 이야기는 별로 하지 않는다. 그의 표현은 매우 열정적이고, 감각에 호소한다. 그에게 어두운 밤은 가장 찾기 힘든 연인을 찾아 헤매는,

고통스런 기쁨이 가득한 사랑 이야기다. 둘째로, 하나님을 더 잘 이해하고 싶은 사람들에게는 전혀 도움이 되지 않을 수도 있다. 그가 생각하는 어두운 밤의 핵심 기능은, 뭐든 이해해야 직성이 풀리는 사람들에게 하나님은 이해할 수 없는 존재라고 납득시키는 것이기 때문이다. 요한은 모국어인 스페인어로 책을 쓰면서, '나다nada'라는 단어로 하나님을 표현한다. 하나님은 사물이 아니고no-thing, 하나님은 어떤 것이 아니기not a thing 때문에 손에 잡히지 않는다면서, 우리는 그분을 다른 모든 실재의 빛을 잃게 만드는 존재로서만 만날 수 있다고 말한다.

신학적 관점에서 요한은 부정적 의미의 선생이다. 그가 어울리기 힘든 사람이라는 뜻이 아니라, 하나님이 어떤 분인지 설명하는 것으로 가르치려 하지 않는다는 뜻이다. 하나님에 대한 긍정적 진술은 하나님에 대한 이미지를 섣불리 갖게 만들고, 그분의 행동에 대한 온전치 못한 이해가 실재인 것처럼 믿게 만들기도 한다. 요한은 반대로, 사람들이 갖고 있는 '하나님'에 대한 이미지와 개념이 오히려 실재를 보지 못하게 가로막는 걸림돌이라는 걸 깨닫길 바라면서 하나님이 아닌 것을 가르친다. 이런 사실이 그의 책을 읽는 일부 독자에게는 실망을 안겨 주기도 하겠지만, 다른 사람들에게는 큰 안도로 다가온다.

내가 확실하다고 생각했던 하나님에 대한 개념들이 언제부터 사라지기 시작했는지는 정확히 모르겠지만, 그런 개념들을 보관했던 커다란 상자가 이제는 구두 상자 크기로 줄어든 것은 사실이다. 이럴 경우 사람들 대부분은 이 사실이 부끄러워서 누군가 먼저 이야기를 꺼내지 않는 이상 입을 다문다. 그러면서 점점 더 이야깃거리가 없어지는 관계가 되는 기분이 어떤지 토로할 수 있는 조용한 장소를 찾는다.

오랜 세월 청산유수처럼 떠들었던 신앙의 언어부터 내리막길을 걷기 시작했다. '죄', '구원', '회개', '은혜' 같은 단어의 의미를 평생 가르쳤는데, 이런 단어들이 조금씩 의미를 잃기 시작했다. 처음 배웠을 때는 내 안팎의 혼란을 이해하는 데 큰 도움이 되었고, 내게 벌어지는 일들을 규정해주는 이름과 관리할 수 있는 견고한 틀을 마련해주었다. 그런데 굉장히 느리게 진행된 변화라서 언제부터라고 콕 집어 말할 수는 없지만, 언젠가부터 이런 단어들이 푹신한 베개 같다는 생각이 들었다. 인생의 딱딱한 뼈와 사람 사이에서 완충 작용을 해주는 베개 말이다. '죄'가 무슨 뜻인지는 알지만, '배신', '상처', '망각', '삶의 모든 근원과의 치명적인 거리감'처럼 풍부한 어감이 있는 단어들이 더 설득력 있게 다가왔다. 이런 단어들이 '죄'라는 단어보다 신앙인에게 덜 의미 있게 다가오는 이유를 알 수는 없었지만, 어쨌든 사람들은 차이를 느끼고 "왜 그냥 '죄'라고 하면 안 되나요?"라고 물었다. 하지만 나는 나대로 궁금증이 일었다. 언제부터 신앙의 언어는 더 이상 실제 인생을 다루지 못하고, 그것을 담아만 두는 용기로 전락했는가? 그것은 마치 하나님께 상자 밖을 나가지 말라고 요구하는 것과 같지 않은가?

말이 떨어져 나가기 시작하자 사태는 걷잡을 수 없이 번졌다. 순수한 마음으로 니케아 신경을 고백한 게 언제였던지? 성경 구절을, 유용한 비유나 의미 있는 1세기 신앙 유물이 아니라 하나님의 진리를 직접 계시한 내용이라 생각하고 암송한 게 언제였던지? 당신의 세계관이 수많은 세계관 중 하나에 불과함을 깨닫고, 역사적 예수에 대해 알게 되고, 성경에 대한 이해에 혁명이 일어나고, 최신 신학 동향을 알게 되면서, 안전한 종교의 자리를 벗어날 때. 교회에서 사용하는 음악을 바꾸고 트위터를 담당하는 목회자를 별도로 고용하거나 하는 식으로 목회 방식이 바뀔 때. 반경 80킬로미터 내에서 마음 놓고 기도할 수 있는 교회를 찾지 못할 때. 달라이 라마가 하는 말이 교황이나 당신이 존경하는 설교자의 말처럼 일리 있게 들리기 시작하고, 자주는 아니더라도 당신을 새롭게 변화시키는 그분과의 만남이 한낱 좋은 말 정도로 전락할 때. 그때 우리가 붙잡을 수 있는 건 무엇이 남을까?

여기서 말하는 건 하나님에 대한 믿음을 잃어버린 것과는 다르다. 그보다는 하나님을 이해할 수 있도록 돕겠다고 약속했던 체제에 대한 믿음을 잃어버린 것을 뜻한다. 그 체제는 나를 올바른 방향으로 인도할 뿐 아니라, 실재를 찾았을 때 손에 넣을 수 있는 올바른 언어와 개념과 도구를 제공해주겠다고 했다. 이 모두를 잃어버린다고 해도 11개월간 지하 감옥에 갇히는 것과는 비교가 되지 않을 것이다. 어쩌면 영혼의 어두운 밤이라고 말하기에는 민망한 수준일지 모르겠다. 하지만 지금까지 내가 경험한 중에서는 가장 흐린 영혼의 밤인 것은 확실하다.

내가 이해할 수 있는 하나님에 대한 사고방식을 어떻게든 꿰맞춰서라도 맘 편히 지내보려고 애써봤지만, 남은 건 아무것도 없다nada. 영원히 정착할 수 있는 안전한 곳은 없다. 나는 별을 목표 삼고 늘 바다를 떠돌 것이다. 이 말은 이전의 그 어떤 말보다 더 진실에 가깝게 들리기 때문에 암울하면서도 말할 수 없는 안도감을 준다.

영혼의 어두운 밤은 개인에게도 찾아오지만, 공동체 전체가 빛을 잃고 불안해하는 경우도 있다. 수많은 교인들, 특히 급속도로 교세가 줄고 있는 교단에 속한 사람들이 현재 그런 상황에 처해 있지 않나 싶다. 새로운 예배 형식도 실험해보고 페이스북 페이지도 만들어보지만, 문제는 더 근본적인 데 있다는 것을 알고 있다. 구태의연한 기독교 신앙은 심지어 나이 든 교인들에게도 더 이상 먹히지 않는다. 뭔가가 이미 죽었거나 죽어가는 동시에(때가 왔다고 생각하는 사람들에게도 큰 슬픔을 안겨주는 원인이다) 새롭게 태동하고 있다. 이 새로운 방식을 '이머징 기독교'라고 부르기도 하지만, 그 안에도 일일이 표현하기 힘든 다양성이 존재한다. 대다수 이머징 그리스도인이 입을 모아 하는 말은, 그들이 물려받은 신앙은 이미 수명이 다했다는 것이다.

종교학자들은 이런 변화를 빙산의 일각으로 여긴다. 카렌 암스트롱은 우리가 세계적 대변화의 시기를 통과하고 있다고 말한다. 전 세계 종교들은 적대감으로 인한 손실을 철저히 조사하고, 온전한 인간성에 대한 새로운 지혜를 찾고 있다.[2] 필리스 티클은 기독교회가 가끔씩 여

는 떨이 판매가 지금 한창이라고 말한다. 시대마다 처리해야 할 재고
는 있기 마련인데, 그와 함께 무엇은 남기고 무엇은 보내야 할지 결정
할 근거가 필요하다. 대속은 여전히 유효한가? 그리스도를 믿는 믿음
만으로 구원받는다는 개념은 어떤가? 직업 성직자는 정말로 필요한
가? 19세기 찬송가는 또 어떤가? 이 모든 문제에서 타이밍은 어느 정
도 예측 가능하다. 티클의 표현을 빌리자면, 많은 사람들이 자의든 타
의든 기독교에서 "500년마다 돌아오는 사상 떨이 판매"에 참여하고
있다.[3] 가장 최근의 것이 종교개혁이었고, 이번에는 아직 이름을 찾지
못했다.

　하비 콕스는《종교의 미래*The Future of Faith*》에서, 유럽연합이 헌법에
'Christian'이라는 낱말을 언급하기를 거부한 2005년에 '믿음의 시대'
는 종말을 고했다고 말한다.[4] 사람들은 이 단어를 거부함으로써 반대
의사를 표했다. 살아 있는 신앙을 유지하려면 교리와 신경信經만으로
는 안 된다. 오히려 신자들은 실제적인 인도와 신성을 직접 체험하는
길을 찾는다. 콕스에 따르면, 우리가 살고 있는 새 시대는 '성령의 시
대'인데 이미 개발도상국에서는 자리를 잡아가고 있다.

　이런 전망에서 해방감을 느끼는 사람도 있고, 상실감을 느끼는 사람
도 있을 것이다. 대다수는 해방감과 상실감이 다 있겠지만, 나이에 따
라 비중은 다를 수 있다. 이 새로운 흐름에서 자기 자리를 찾기 시작한
사람이 25세 청년이라면 60세 노인보다는 기대감이 높을 것이다. 노

인들은 그런 변화를 완전히 목격하기 전에 세상을 떠날 수도 있기 때문이다. 내 또래 사람들은 주식보다는 채권에 투자하게 마련이다. 나무를 심고 자라는 모습을 지켜볼 만한 시간적 여유가 없다.

1981년에 초판이 출간된 제임스 파울러의 《신앙의 발달단계*Stages of Faith*》 35쇄본을 얼마 전에 다시 집어 들었다.[5] 신학생 시절 필독 도서였는데, 이후 에이즈와 인터넷의 출현, 9.11 테러 등으로 세상은 많이 달라졌지만 그가 말한 단계는 여전히 유효해 보인다. 아동기에는 공상이 가득한 투사적 신앙, 학령기에는 문자적 신앙, 청소년기에는 대체로 주변에서 물려받은 인습적 신앙, 청년기에는 개별적 신앙이 나타난다. 파울러에 따르면, 많은 사람이 이 단계에서 멈추는 반면, 묘사하기 쉽지 않은 다음 단계로 계속 발전하는 사람도 있다.

파울러가 중년 이전에는 보기 드물다고 지적한 다섯 번째 단계에 들어선 사람들은 '좌절의 성례sacrament of defeat'를 안다. 이들은 자신이 선택할 수밖에 없었던 선택의 결과를 떠안은 채, 어쩔 수 없이 해야 했던 약속에 평생 영향을 받으며 살아간다. 그러나 지난날 아등바등하며 쌓아온, 자신과 세상에 대한 확신을 내려놓는다면, 이 단계에서도 아직 되돌릴 수 있는 것은 많다. 내가 속한 집단을 둘러싼 경계는 더 이상 존재하지 않는다. 이방인과 낯선 진리가 더 이상 두렵지 않고 오히려 시선을 끈다. 그중에서도 자기모순 같은 진리가 가장 눈에 띈다. 진지한 태도로 반평생을 넘긴 사람들에게 찾아오는 이 단계에 이른 사람들은 의미를 만들려는 필사적 노력으로 호주머니를 탈탈 털어서까지 인생을 살아갈 준비가 되어 있다.

앞서 나는 용어 정의를 가급적 피했지만, 파울러는 자신이 사용하는 용어를 훌륭하게 정의하고 있다. 그에 따르면, 우리가 비슷한 뜻으로 혼용하여 사용하는 종교, 신앙, 믿음은 다 다른 뜻이다. 16세기에 '믿는다'는 말은 "사랑을 믿어요"라는 문장에서처럼 "마음을 두다" 혹은 "마음을 준다"는 의미였다. 그러나 계몽주의 시대 이후로 '믿음'과 '믿는다'는 단어의 일반 용법이 변하기 시작하더니, 마음의 성향보다는 점점 더 머릿속 교양 지식을 가리키게 되었다. 그러다가 지식이 경험적 사실로만 구성되는 19세기에 이르러서는 믿음이 지식의 반대말이 되어버렸다. 하나님에 대한 믿음은 개인의 신념 체계, 즉 그 사람이 사실이라고 판단하는 증명할 수 없는 신앙 진술로 축소되었다.

파울러는 이처럼 신앙이 신경과 교리에 대한 신념으로 축소된다면, 수많은 지식인이 스스로를 비신앙인으로 단정하게 될 것이라며 애석해한다. 이들은 신앙이 자아를 초월하는 무언가에 대한 신뢰나 충성을 묘사하는 경우에는 관심을 보이겠지만, 같은 단어가 상투적 신학 진리에 대한 믿음을 묘사할 때면 눈빛이 흐려진다.

대학생들이 신앙 이야기를 할 때 가만히 들어보면, 믿음에 관심이 많다는 사실을 알 수 있다. "동정녀 탄생을 믿어?" "예수님이 네 죄를 위해 돌아가셨다는 사실을 믿니?" "그리스도인들만 천국에 간다는 게 믿어져?" 아무도 이렇게 묻는 사람은 없다. "네 마음은 어디에 고정되어 있니?" "네가 가장 의지하는 힘은 뭐니? 네 삶에 의미를 주는 희망은 뭐니?" 이런 것들이 믿음이 아니라 신앙에 대한 질문이다. 이런 질문에 대한 답은 책에서는 찾을 수 없고, 흔히 어둠 가운데서 움직이는 경향이 있다.

4세기에 아우구스티누스는 "당신이 이해했다면 그것은 신이 아니다"라고 말했다. 1,600년이 지나 북아일랜드 신학자 피터 롤린스도 똑같은 말을 한다. 그에 따르면, 하나님은 사건이시다. "이해할 수 있는 사실이 아니라, 우리에게 찾아오시는 현현顯現이다."[6]

예로부터, 무엇이 하나님이 아닌지 배우겠다고 줄을 서는 사람들은 많지 않았다. 자칭 선생들이 얌전히 앉아 들을 의사가 있는 사람이면 누구에게나 하나님에 대한 진리를 알려주겠다고 나서는 지금도 마찬가지다. 내 주변에서 하나님이 아닌 것에 관심 있는 사람이라고는 산전수전 겪으며 이런저런 대답들을 다 거치고도 여전히 갈증이 남은 사람들뿐이다. 어두운 밤중에 깨어보니, 주일학교에서 배운 내용을 포함해서 머리에 든 자료는 금세 바닥났다. 하릴없이 어두운 곳에 누워 가슴을 내리누르는 묵직한 무게를 느끼며 응답 없는 소리에 귀를 쫑긋 세운다.

이런 경험을 해본 사람이라면, 이제는 '아닌 것'을 말해주겠다는 사람에게 얼마나 혹하게 되는지 이해할 것이다. 요한의 대답은 간단하지 않지만, 최대한 간단히 정리해보면 이렇다. 어두운 밤은 하나님이 당신을 해방시키려고 주신 최고의 선물이다. 어두운 밤은 당신을 자유롭게 해준다. 하나님에 대한 생각들, 하나님에 대한 두려움, 하나님을 믿으면 받을 수 있다는 수많은 유익에 대한 집착, 하나님을 더 가까이 느끼도록 의도된 영적 실천에 대한 헌신, 하나님에 대한 온갖 올바른 것들을 실천하고 믿는 데 들이는 노력, 신자인 당신에 대한 긍정적·부정적 평가, 하나님을 당신 뜻대로 조종하려는 전술, 하나님에 대한 의심을 없애준다는 확실한 치료약, 이 모든 것에서 당신을 해방해준다.

요한은 이 모두가 하나님을 대신하는 것이고, 이런 것이 하나님께 가는 길을 방해한다고 말한다. 고인이 된 제럴드 메이는 십자가의 요한에 대한 책에서 이것을 중독이라고 지적했다. 그는 우리가 이것에 감사해야 한다고 썼는데, 하나님의 대체물이나 다른 것에 대한 중독 때문에 다시 그분 앞에 무릎 꿇게 되기 때문이다. 중독은 마음이 정말로 원하는 것에서 우리가 얼마나 많이 벗어났는지를 깨닫도록 도와준다.[7]

요한은 어둠에도 종류가 있다는 사실을 알고, 어둠을 '티니에블라스tinieblas'와 '오스쿠라oscura'로 구분한다. 전자는 피하는 게 상책인 종류의 어둠을 가리키고, 후자는 단순히 모호하거나 보기 힘들다는 뜻이다. 메이는 임상 우울증과 어두운 밤을 혼동하면 안 되지만, 겹치는 부분은 있다고 말한다. 우울증은 '티니에블라스'처럼 사람을 분열해놓고 원상 복구하지 못할 수도 있지만, 단순한 '어두운 밤la noche oscura'은 사람을 치유한다. 또 다른 작가의 표현을 빌리자면, 우울증이 지나가면 모든 게 회복되지만, 어둔 밤이 지나가면 모든 게 변화된다.[8]

하지만 소위 영적 유익을 지우기 위해 의도된 밤에 더 많은 영적 유익을 약속한다는 말을 갖다 붙이는 것은 잘못이다. 한 번이 아니라 여러 번 어두운 밤을 통과한 사람들은 이런 경험을 무엇과도 바꾸지 않을 이유를 설명하면서 적당한 단어를 찾지 못할 때가 많다. "맞아요, 막대한 손해를 봤어요. 맞아요, 다 빼앗긴 것만 같아서 얼마나 괴로웠는지 몰라요. 맞아요, 내 영혼의 보물이 쌓였던 곳간이 텅 비어버렸어요. 그런데…" 그런데, 뭐가 어쨌다는 말일까? "그런데 말이죠. 다 사라져버리고 남은 그것이 내가 상상할 수 없을 정도로 진국이더라고요. 내가 찾은 것과 나는 더 이상 둘이 아니라 하나였어요. 내가 그 일부가 되었죠. 죄송해요. 더 이상 뭐라고 설명할 방법이 없네요. 다른 곳은 가고 싶지 않았어요. 여기가 바로 내가 있어야 할 곳이었어요."

요한은 하나님이 우리를 안전하게 지키려고 불을 끄신다고 말한다. 우리가 가는 길을 알고 있다고 생각할 때야말로 넘어질 위험이 가장 크기 때문이다. 길이 더 이상 보이지 않을 때, 손에 든 지도를 볼 수 없을 때, 어둠 속에서 현재 위치를 알려줄 만한 무언가가 전혀 손에 잡히지 않을 때, 그렇게 약해질 때에야 비로소 우리는 그분의 보호를 받을 수 있다. 이 사실은 심지어 우리가 하나님의 임재를 분별하지 못할 때에도 마찬가지다. 어두운 밤이 우리에게 요구하는 것은 정신 바짝 차리는 것이다. 하나님이 계시지 않는 듯한 순간에도 그곳을 떠나지만 않는다면 나머지는 밤이 다 알아서 할 것이다.

메이는 심장 이식을 기다리면서 십자가의 요한에 대한 책을 썼다. 몇 년 전에 그는 항암 치료를 받았고, 의사는 나을 수 있다고 장담했다. 그런데 치료 과정에서 심장병을 얻고 또다시 죽음 문턱까지 가는 경험을 했다. 이 과정에서 하나님 및 가족들과 전에 없는 친밀함을 느낀 그는 무엇이 정말 좋은 일이고 나쁜 일인지 구분하는 것을 포기했다. "이젠 정말 도무지 뭐가 뭔지 모르겠습니다." 그는 2005년에 64세를 일기로 세상을 떠났다.

이런 무지는 사람들이 신앙을 포기하게 만드는 무지와는 종류가 다르다. 독일의 철학자이자 신학자 니콜라우스 쿠자누스는 이것을 '거룩한 무지'라고 부르고, 하나님에 대해 모르는 것을 기꺼이 받아들이려는 사람에게 주시는 그분의 선물이라고 했다. 메이는 끝이 가까울수록 하나님의 임재를 변함없이 느꼈다고 말했다. 언제 어디서나 그분의 임재를 느낄 수 있었다는 그의 말은 루세랑의 이야기와 비슷하게 들린다. 그는 거기에 주목하기만 하면 되었다.

"나는 그것을 사랑하며, 그것을 잃는다는 것은 생각만 해도 정말 끔찍합니다. 그것은 내 오랜 기도에 대한 응답이었습니다. 그러나 나는 그것이 결코 하나님은 아니라는 사실을 잘 압니다. 단지 하나님'에 대한' 느낌일 뿐이지요. 그것을 우상화할 생각은 추호도 없습니다. 그러니 내던져버려야 한다고도 생각지 않습니다. 만일 어느 시점에 이르러 다시 잃게 된다 하더라도, 부디 하나님에 대한 아무런 느낌도 없는 상황에서 계속 하나님을 신뢰할 수 있을 만한 지혜가 내게 주어지기를 바랄 뿐입니다."[9]

내 나이쯤 되면 이런 말이 제5복음서처럼 들린다. 어둠과 빛, 신앙과 회의, 하나님의 부재와 임재가 양극에 존재하지 않고 오히려 함께, 섞여서 존재한다는 좋은 소식 말이다. 이 둘은 똑같은 바다에서 밀려나갔다가 밀려들어오는 파도와 같다. 방향은 다르지만 나가고 돌아오는 근원은 같다. 그 사실을 믿을 수 있다면, 거기에 마음을 주고 늘 인식할 수 있다면, 그때야 비로소 믿음은 동사가 되어 세계 최고의 종교만이 알려줄 수 있는 거룩한 실재에 생생하게 반응하게 된다.

이런 신앙은 의지할 게 별로 없다. 안전한 정착지도 제공해주지 못한다. 이런 신앙을 실천하려면 좌절과 상실의 성례를 드려야 할 것이다. 하지만 내가 제일 잘 아는 종교에서 찾으려면 먼저 잃어야 한다고 말하니, 그렇게 살 수 있을 것 같다. 어쩌면 조금 더 오랫동안 영혼의 구름 낀 밤을 버틸 수 있을 것도 같다. 거기서는 하나님의 부재를 인식하는 것이 오히려 그분이 임재하신 표시라니 말이다. 이에 대해서는 정말 아무것도 모르겠는데, 그렇다면 그게 곧 내가 하나님을 이해했다는 뜻일까? 잘 모르겠다. 내가 아는 건, 여기가 좋다는 것뿐이다.

어둠을 만나러 가다

공식적인 어둠 연구가 끝나가고 있다. 앞으로도 사는 동안은 계속 어둠에 대해 배우겠지만, 지금까지 배운 내용을 점검해볼 방법이 필요했다. 자크 루세랑과 미리암 그린스펜을 만나고 나서, 록웰 부부를 따라 오르간 동굴을 탐험하고 나서, 십자가의 요한에게서 영혼의 어두운 밤에 대해 배우고 나서 무엇이 달라졌을까? 이제 시험을 치를 준비가 된 것 같다.

어느 날 밤, 옛날 잡지 뭉치를 뒤적이는데 불교 잡지 〈트라이시클〉 과월호가 눈에 띄었다. 요즘 내가 불교 저자들의 책을 많이 찾는 이유는 그들이 현존 기독교 저자들보다 인간 의식의 찬란한 밤에 대해 더 많이 알고 있는 듯해서다. 1960년대에 토머스 머튼과 달라이 라마는 24시간 영적 수행에 전념하는 사람들이 언어를 초월하여 자주 만난다면 뭔가 결실이 있지 않을까 생각하고, 각자 자기 전통의 수도사들을 대화와 묵상으로 초대했다. 머튼은 이 프로젝트에 대해 얼마 기록하지 못하고 세상을 떠났지만 멋진 기도문을 남겼다. 내가 침대 옆 탁자에 붙여둔 이 기도문을 책 맨 마지막에 수록해두었다.

〈트라이시클〉 표지에는 잠을 자는지 명상을 하는지 잘 구분되지 않는 수도승의 사진이 실려 있다. 평화로운 표정의 흑백 사진 아래로 다음과 같은 머리기사가 야광 녹색으로 박혀 있다.

생태 명상
어둠에서 깨우침 얻기

글쓴이는 선불교 수도승 경험이 있는 클라크 스트랜드다. 그는 이제는 내게도 익숙한 주장으로 글을 시작한다. 백열전구의 발명이 지구 생태계를 바꿔놓았는데, 대다수 사람들은 이 점을 의식하지 못하고 있다는 것이다. 그는 전구의 발명은 영성에서도 티핑 포인트가 되었다고 말한다. 전구는 값싸고 질 좋은 조명으로 인류의 모든 산업 영역에 발전을 가져왔고, 우리는 어둠을 조금만 밝힐 수 있다면 해결하지 못할 일이 없다고 믿게 되었다.

유일한 피해자는 어둠이었다. 스트랜드는 어둠은 "무가치한 것, 진정한 부재, 우리 마음대로 채울 수 있는 영원이라는 캔버스의 빈 공간이다(또는 사람들 생각이 그랬다)"라고 썼다.[1]

그도 불면증 환자처럼 잠을 이루지 못했기 때문에 이 주제에 관심을 가졌다. 그는 10년간 불면증에 시달렸다. 한밤중에 깨서 두어 시간 누워 도대체 무엇이 문제인지 생각하다 다시 잠이 들곤 했다. 불면증에 대한 답을 찾다가 우연히 국립정신보건원에서 실시한 수면 연구를 발견하고는 자신의 수면 방식에 아무 문제가 없음을 알게 되었다.

전구가 발명되기 전에는 중간에 깨지 않고 한 번에 여덟 시간씩 자는 사람은 거의 없었다. 그런 수면은 인공조명이 충분해진 현대에 와서야 나타났다. 전기가 없었을 때는 날마다 열네 시간씩 어두운 데서 지내야 했는데, 이것은 사람들의 활동은 물론 쉼에도 영향을 끼쳤다. 국립정신보건원에서 이런 수면 방식을 그대로 따라할 수 있는 일반인을 모집해서 실험을 했는데, 대상자들은 전에는 경험해보지 못한 의식 상태를 발견하기 시작했다.

처음에는 무조건 과거 방식을 따라 하루 평균 열한 시간씩 잠을 자게 했다. 그러다가 점점 수면 시간이 줄어 다시 여덟 시간으로 안정되었지만, 지속적인 여덟 시간은 아니었다. 어둠에서 열네 시간을 보내는 이들 중 대다수는 깊이 잠들기 전에 두어 시간씩 조용히 침대에 누워 시간을 보내곤 했다. 이들은 네 시간 뒤에 깨어 두어 시간 동안 누워 있다가 다시 잠들었다. 과학자들은 다시 잠든 이후의 시간에 가장 큰 관심을 보였다. 이 시간에는 완전히 깨어 있지도 않고 푹 잠들지도 않은 상태로, 신체 작용과 뇌파가 중간 지점에서 왔다 갔다 했다.

실험 책임자는 오래전에 사라진 이런 의식 상태가 마치 인간 의식의 화석과 같다고 말했다. 선사 시대에는 이런 휴식 상태가 꿈과 현실 사이에서 의사소통의 통로 역할을 해서 수많은 신화와 환상에 자료를 제공했을 것이다. 이는 성경에 꿈 이야기가 많이 등장하는 이유도 설명해줄 수 있다. 하지만 밤을 환하게 밝힐 수 있게 되면서 인간은 어둠에서 보내는 시간을 줄이기 시작했다. 그렇게 수면 시간까지 줄어서, 결국 잠들기 전후나 중간에 흘려보내는 시간 없이 꽉 찬 여덟 시간으로 압축된 것이다. 이제 '충분한 수면'이라고 하면, 중간에 깨지 않고 내리 7-8시간을 잔 뒤에 일출과 상관없이 자명종 소리에 일어나는 수면 방식을 뜻한다. 잠들기 전후나 수면 중간의 긴 휴식 시간도, 그 시간에 나타나는 의식 상태도 사라져버렸다. 빛과 사랑에 빠진 세상의 부차적 폐해다.

스트랜드는 모두가 선사 시대로 돌아가서 과거의 수면 방식을 따라야 한다고 주장하지 않는다. 관심 있는 사람들만 정해진 시간 동안 인공조명이 없는 어둡고 조용한 장소를 골라 실험해보라고 제안한다. 그가 추천하는 장소는 야트막한 동굴이다. 어둠과 빛이 최상으로 어우러진 동굴이야말로 최적의 장소지만, 사실 어디라도 괜찮다. 도심의 아파트야말로 야트막한 동굴이 아니고 무엇인가. 다른 점이 있다면 전기와 대문이 있다는 것뿐.

나도 안성맞춤인 곳을 안다. 가로세로 3.5미터 정도 되는 숲 속 오두막인데, 수도와 전기는 들어오지 않지만 창문이 아주 많다. 적당한 시간도 생각해두었다. 며칠 뒤 돌아오는 하지다. 스트랜드는 더 긴 시간을 염두에 두었지만, 하지는 두 가지 이유에서 시도해볼 만하다. 일단 뭔가 중요한 날처럼 보이고, 둘째로 1년 중 밤이 가장 짧다는 이유에서다. 혹시 실험이 잘못되더라도 그 시간이 그리 길지 않을 테니까.

실험의 기본은, 피곤하지 않도록 땅거미가 지고 어두워지기 전에 집에 돌아와 행성들이 빛의 양을 오롯이 결정하게 하고 그 사이 당신은 빛의 변화를 관찰하는 것이다. 스트랜드에 따르면, 잠시 후면 어둠이 당신에게 '귀를 기울이는' 것을 느낄 것이다. 그러면 당신도 속에 담은 말이 무엇이든 어둠에게 말을 걸어야 한다. 그렇게 하느라 스스로를 지나치게 의식하게 된다면 그마저도 어둠에게 털어놓아야 한다. "이때는 무슨 말이나 생각이나 느낌이든 거리낌 없이 말할 수 있다"고 스트랜드는 덧붙인다.

짐은 단출하다. 아무것도 읽지 못하니 책도 필요 없고, 아무것도 쓸 수 없으니 종이나 펜도 필요 없다. 전기가 없으니 전원을 사용하는 것은 아무 소용이 없다. 인공조명은 포기해야 하니 헤드램프도 필요 없다. 짐이라야 이불과 물 한 병이 전부인데, 과연 이 정도로 괜찮을까 싶다. 그렇게 텅 비다시피 한 가방을 들고 숲으로 발걸음을 옮겼다.

아직 밖이 환한 것이 해지기 전까지 시간은 충분해 보였다. 오두막은 집에서 걸어서 10분 거리다. 절반쯤 갔을까. 뒤에서 나는 소리에 돌아보니 우리 집 개 댄서가 쫓아오고 있다. 내가 쳐다보자 고개를 땅에 대고 꼬리를 흔들어댄다. "그래, 같이 가자." 댄서가 오기를 기다리면서 말했다. 어둠 말고도 다른 대화 상대가 생겨서 기쁘다.

오두막에 도착하자마자 청소를 시작했다. 바닥에 죽어 있는 말벌들을 치우고 창문 여덟 개를 다 열어젖혔다. 살아 있는 전갈 한 마리가 창틀에 몸을 늘어뜨리고 완벽한 물음표 모양으로 꼬리를 말고 있다. 잘 때 돌아다니지 않기를 바랄 뿐이다. 길쭉한 침대 겸용 소파가 맞은편 벽에 세워져 있고, 방석 겸 매트리스도 큰 창문 아래에 나란히 놓여 있다. 침대를 제외하고 방에 있는 가구라야 놋쇠 장식이 박힌 붉은색 커다란 가죽 의자와 오토만(위에 부드러운 천을 댄 기다란 상자 같은 가구. 상자 안에는 물건을 보관하고 윗부분은 의자로 씀 – 옮긴이)이 유일하다. 의자 맞은편에는 작년 겨울에 타고 남은 재가 가득한 자그마한 석조 벽난로가 있다.

댄서가 밖에서 낙엽더미에 뒹굴고 있는 사이, 침대에 이불을 펴고 베개를 놓았다. 한낮의 온기가 꽤 남아 있지만, 머리 위 나무들이 마지막 태양빛에서 오두막을 보호해준다. 건전지를 넣는 작은 선풍기에서 불빛이 나오지 않는 것을 다시 한 번 확인한 후에, 내부 환기를 위해 선풍기를 켰다. 선풍기는 환기뿐 아니라 커다란 검은 개미 떼를 퇴치하는 데도 유용했다. 침대에 앉을 때마다 난데없이 개미가 한 마리씩 나타나 온몸을 탐색하곤 하지만, 오늘은 생태 명상을 왔기에 개미를 살려두기로 했다. 선풍기를 내 몸 쪽으로 트니 얼마 못 가 개미들이 다 떨어져 나갔다. 밤이 올 때까지 딱히 할 일도 없는데 잘됐다. 나는 자동차 극장에서 영화가 시작되기를 기다리는 사람처럼, 창문으로 빛이 사그라지는 모습을 기다리기로 했다.

유리창 너머로 간격을 맞춰 줄지어 선 회색 나무들을 보고 있으니 아일랜드의 세운돌이 떠올랐다. 그 돌에는 이끼가 잔뜩 껴 있고, 내가 읽을 수 없는 이름이 쓰여 있었다. 위쪽으로는 마지막 태양빛이 높은 나뭇가지 사이로 레이스를 만들고, 외로운 반딧불이 한 마리가 가지들 사이로 나타났다 사라졌다. 땅거미 지는 하늘을 배경으로 반딧불이가 움직이는 모습이 반짝이 옷을 입고 숨바꼭질하는 아이 같다. 그 사이 매미들은 밤을 위해 조율을 한다. 가까이 있는 매미 소리는 당연히 잘 들리지만, 먼 곳의 트럭 소리, 개 짖는 소리, 올빼미 소리도 들린다. 어디선가 여자 웃음소리도 들린다. 내가 알기로는 반경 1킬로미터 내에는 가정집이 없는데 무슨 영문인지 모르겠다.

누운 매트리스에서는 캠프에서 맡은 매트리스 냄새가 났다. 저녁 바람을 타고 온갖 냄새가 흘러 들어왔다. 지난밤 비에 꺾인 젖은 나뭇가지 냄새, 표토에 쓰러진 나무 냄새, 가냘프지만 뾰족한 솔잎 냄새. 창밖을 내다보는 시간이 길어질수록, 머리 위 나뭇잎에서 더 많은 모양이 눈에 들어온다. 바로 위에는 토끼 머리, 그 옆으로 올빼미 얼굴이 보이고, 뒤쪽에는 뿔 달린 숫염소가 있다. 나뭇잎은 구름처럼 모양이 자주 바뀌지는 않지만, 나뭇잎 뒤 하늘은 쉴 새 없이 풍경이 바뀐다. 잠시 후에 염소를 보니, 염소 눈에 두 별이 반짝이고 있다. 또 잠시 후에는 눈물이 흐르는 것처럼 별들이 염소 얼굴을 따라 아래로 이동했다가, 이제는 어디론가 다 사라지고 별만 보인다.

지금이 몇 시인지, 얼마나 어두운지 감을 잃어버렸다. 아까보다는 어둡지만 그렇다고 완전히 어둡지는 않다. "날이 어둡다"는 말은 얼마나 어둡다는 뜻일까? '어둠'이라는 말은 분명 상대적이다. 집 안에서 걷다가 가구에 부딪힐 정도면 어두운 것일까? 불을 켜지 않고 책을 읽을 수 없으면 어두운 것일까? 가끔은 어둡다는 말이 "방이 환하지 않다"는 의미에 불과할 때도 있다. 마치 방은 늘 환해야만 한다는 듯이.

오두막의 작은 방은 환하지는 않지만 그렇다고 어둡지도 않다. 창밖이 변하는 모습을 보고 있으니 내 인생에서 가장 무서웠던 밤이 떠올랐다. 그때도 침대 아래쪽에 창문이 있었다. 눈이 많이 내린 어느 밤, 숲 속에 있는 아주 예쁜 집에 홀로 있었다. 다들 방학을 맞아 집에 간 후였다. 내가 누워 있는 침대에서 몇 년 전에 누가 죽었다고 들었다.

끔찍한 죽음은 아니었다. 들은 바로는, 그 여자는 이 집을 무척 아꼈고 이곳에서 생애 최고의 시기를 보냈다고 했다.

밤이 깊어지면서 그 생각을 떨쳐내려고 애썼지만, 여전히 잠이 오지 않았다. 분명 잠이 들긴 했었다. 복도에서 뭔가 쩍 갈라지는 소리에 깼으니 말이다. 누군가 낡은 마룻바닥을 걸어 내 방 쪽으로 오는 것 같았다. 말도 안 되는 얘기지만 확실히 소리가 들렸다. 그런데 내가 침대에서 일어나 앉자마자 소리가 그쳤다. 서까래가 삐거덕거리는 소리였나? 눈이 많이 쌓인 나뭇가지가 부러지면서 지붕에 떨어졌나? 갈라지는 소리는 발자국 소리로 바뀌었고, 공포에 사로잡힌 나는 발이 떨어지지 않았다. 그래도 가까스로 자리에서 일어나 불을 켜고 복도에 있는 알지 못할 존재에게 큰 소리로 물었다. "누구세요, 왜 그러시죠?"

공포가 돌덩이처럼 가슴을 짓눌렀다. 닫힌 문 밖에서 숨소리가 들리는 것만 같았다. 게다가 (지금도 이유를 설명하기는 어렵지만) 그 무언가는 해로운 존재가 틀림없다는 확신이 들었다. 눈을 감아서도 안 되지만, 뭔가 까맣고 자욱한 것이 문 아래쪽으로 손을 들이밀까 봐 아래를 내려다볼 수도 없었다. 할 수 없이 사람들이 대개 하나님이 있다고들 하는 위를 쳐다봤지만 그것도 별 도움이 되지 않았다.

차선책으로 주기도문을 외워보았다. 문 밖에 있는 무시무시한 존재는 안으로 들어오지는 않았지만, 계속 자리를 지키고 있었다. 어떤 힘이 그를 꼼짝 못하게 하는지는 몰라도, 나는 혹시라도 숨소리를 들킬까 봐 얕은 숨을 내쉬며 감사했다. 그렇게 몇 시간이 흘렀다(고 생각했다). 시계는 서랍장 위에 있는데, 침대에서 꼼짝할 수가 없었다. 어서 빨리 해가 떴으면 하는 바람뿐이었다.

방이 조금씩 밝아지자 눈물이 터져 나왔다. 창문에 비치는 햇빛의 양에 반비례해 문 밖에 있는 존재도 점점 약해지는 듯했다. 왜 사람들이 태양을 숭배하는지 충분히 이해가 갔다. 자리에 누워 날이 밝아오기를 기다리고 있으니, 짙은 안개가 옅어지면서 복도를 따라 빠져나갔다. 물론 손가락도 거두어 갔다. 그날 밤 처음으로 가슴이 벅차오르고 마비가 풀렸다. 손을 들고 손가락을 풀면서 크게 심호흡을 했다. 어두운 밤은 끝났다. 새날의 밝은 빛이 나를 구했다.

나중에 야경증으로 고생하는 사람들(특히 어린이들)을 만나게 되었다. 딸이 야경증으로 고생하고 있는 어느 가족을 통해 알게 된 바에 따르면, 야경증과 악몽은 여러 면에서 다르다. 이 가족이 딸의 비명 소리를 처음 들은 밤, 아이는 분명히 잠든 상태로 부모님 방 앞에 서서 울면서 도와달라고 했단다. 아이를 깨웠더니, 왜 자기가 거기 서 있는 건지 몰라 당황하는 눈치였지만 곧 다시 잠자리에 들었다. 다음 날 아침 아이는 아무것도 기억을 못했지만, 부모는 그날의 기억을 쉽게 지우지 못했다.

아이를 병원에 데려가니 정확한 병명과 함께 이유를 설명해주었다. 아이는 정말로 잠을 자고 있었다. 야경증은 대개 수면 직후 세 시간 동안 영향을 미치는데, 이때 사람들은 깊은 수면에서 부분적으로 잠이 깬다. 신체는 수면水面으로 나오지만 정신은 수면 아래 있기 때문에 완전히 의식이 깨지 않은 채로 움직이고 말할 수 있다. 그래서 야경증은 환자 본인은 물론이고 함께 사는 가족들에게 더 무섭고 위험할 수 있다. 다행히도 대다수 아동은 8-9세가 되면 야경증이 사라진다고 한다.[2]

다시 오두막 이야기로 돌아와서, 이곳엔 무서운 것도 없고 잠들려고 서두를 필요도 없다. 그 덕에 사람들이 왜 그렇게 꼭 틀에 맞춰 자야 한다는 압박감에 시달리는지 생각해볼 여유가 생겼다. 왜 이렇게 불면증으로 고생하는 사람이 많을까? '수면 위생'에 대한 책을 많이 읽어본 사람이라면, 사람이 대개 5-6개의 예측 가능한 단계를 거치면서 잠을 잔다는 사실을 알 것이다. 보통 사람은 밤중에 네다섯 차례 깬다. 금방 다시 잠드는 사람도 있고, 한참 동안 깨어서 누워 있는 사람도 있다. 다시 잠들어야 한다는 생각이야말로 대다수 사람이 다시 잠들지 못하는 가장 큰 걸림돌이다. 나이가 들수록 잠은 준다. 어떤 경우에는, 다시 잠이 오지 않는 것은 피곤이 다 풀렸다는 뜻일 수도 있다. 침대에 누워 억지로 잠을 청하지 않고 일어나서 다른 일을 하지 말란 법은 없다.

정말로 불면증에 시달리고 있다 해도, 당신만 그런 게 아니다. 벤저민 프랭클린, 토머스 에디슨, 찰스 디킨스, 마크 트웨인, 버지니아 울프도 불면증이 있었다. 빈센트 반 고흐의 훌륭한 작품 중에는 밤에 탄생한 작품이 많은데, 자명종을 맞춰놓고 밤에 일어나 일해서가 아니라 불면증이 있었기 때문이다. 그는 그런 밤이면 '내가 신을 믿었다면 잠 좀 자게 해달라고 부탁할 대상이 있었을 텐데' 하고 생각하기도 했다고 고백한 적이 있다. 하지만 그는 신을 믿지 않았다. 그가 일기에 쓴 한 대목이다. "그렇다고 해서 종교(이 단어를 써도 될지 모르겠다)에 대한 절실한 필요를 느끼지 않은 것은 아니다. 그런 밤이면 나는 밖에 나가 별을 그린다."[3]

다시 오두막, 자정을 훌쩍 넘긴 시각일 텐데도 아직 어둡지 않다. 세상이 아침을 향해 가는 사이, 별들은 여전히 하늘 캔버스 아래로 움직이고 있다. 나무와 하늘이 변해가는 모습을 보고 있으니 어릴 적 기억이 떠오른다. 나는 초록 넝쿨이 격자무늬 지지대를 따라 위로 자라는 모습을 지켜보고 있었다. 어머니께 여쭤보니, 내가 생후 6개월 무렵 우리 가족이 살던 2층 아파트로 올라가는 계단 풍경이 그랬단다. 어머니는 "그걸 기억할 리가 없는데" 하고 말했지만, 난 확실히 기억이 난다.

오늘 밤 오랜만에 그 아기가 된 느낌이다. 아기처럼 글을 읽을 수도 쓸 수도 없는 임시 문맹 상태다. 조명 스위치를 켤 수도 없고, 음식을 만들지도 못한다. 어른들은 어른들이 좋아하는 목적 있는 일들을 처리하느라 바쁘지만, 내가 할 수 있는 일이라고는 어둑한 방 안 침대에 누워 모양이 변하는 것을 지켜보는 것뿐이다. 지난 한 시간 동안 벌어진 가장 큰 일은 별의 움직임인데, 앞으로 한 시간 동안 벌어질 가장 큰 일 역시 별의 움직임일 것이다. 나는 별의 움직임을 볼 수도 있고, 못

볼 수도 있다. 별들에게 내 도움은 필요 없으니까. 심지어 지켜보는 사람도 필요 없다. 물론 나는 어둠 속에서 쉬는 것 외의 다른 목적은 모두 내려놓고 목격자가 되려고 여기 왔지만 말이다.

수련 내용에는 어둠에게 말을 거는 것도 포함되었기에 할 말을 떠올려본다. "나한테 보여주고 싶은 게 있으면 한번 보여주렴" 하고 말해보지만, 오늘 밤엔 별 말고는 볼 게 없을 것 같다. 동굴에서 가져온 작은 돌에서 교훈을 얻은 이후로는 더 이상의 요구사항은 없다. 아, 올빼미만 빼고. 이런 올빼미 소리는 들어본 적이 없다. "우우" 하고 세 번 운 다음, 마지막에 네 번째로 "우~" 하면서 소리가 점점 작아진다. 내일 날이 밝으면 그 새를 찾아보려고 우는 소리를 따라 두어 번 연습해보지만, 점점 졸음이 몰려온다. 어둠이 얼마나 포근한지 감각을 감싸주는 안정제 같다. 스크린 옆에 누워 있으니 해먹에 누워 있는 기분이다.

개미만 없었으면 좋았을 텐데, 설핏 잠이 들려 할 때마다 개미가 오금이나 허벅지, 뒷목을 타고 올라와 숯불 밟은 스와미(힌두교 종교 지도자)처럼 돌아다녔다. 그럴 때마다 이불을 걷어서 개미를 최대한 멀리 털어내고 다시 잠을 청하곤 했다. 다행히 댄서의 코 고는 소리는 이제 멈췄다.

그래도 오늘 밤은 이런 사소한 짜증거리를 제외하고는 매우 평화롭다. 내 생애 가장 무서웠던 밤과는 180도 달라서 그 차이가 무얼까 생각해보았다. 하늘은 아직도 어둡지 않지만 아까는 서쪽에 있던 밝은 부분이 동쪽으로 이동했다. 숲은 전보다 더 고요하다. 그래도 한밤의 귀뚜라미와 매미 소리가 조금은 들린다. 이곳엔 아무도 없다. 어쩌면 오늘 밤과 그날 밤의 차이는 이게 아니었을지? 이 숲은 증류 설비를 숨기러 오는 주류 밀수업자들과 사슴 사냥철에 찾아오는 사냥꾼 한두 명 외에는 인적이 드문 곳이다. 그렇다면 나는 어둠보다 사람이 더 무서운 것일까?

또 지금은 겨울이 아니라 여름이고, 다른 사람 침대가 아니라 내 침대에 누워 있다. 옆에는 개도 있다. 그러고 보니 개가 등장하는 귀신 이야기는 들어본 적이 없다. 댄서가 원인일까? 그게 아니라면 이 오두막이 그냥 친절한 동굴이라서 그런지도 모르겠다.

오늘 밤과 그날 밤의 한 가지 공통점은 하나님의 철저한 부재다. 그 끔찍했던 밤, 하나님의 개입을 얼마나 간절히 빌었는지 모른다. 여기에서는 들을 준비가 되었다고 공공연히 선언했지만, 북부 조지아의 여름밤 숲에서 흔히 들을 수 있는 소리뿐이다. 진짜 목소리를 기대하는 것은 아니지만, 하나님을 만난다는 게 뭔지 알 정도로 오랫동안 그분을 사랑하기는 했다. 그건 마치 오랫동안 떠나 있던 집으로 돌아가는 것과 같다. 세상 사는 내내 누군가의 붙들림을 받는 것과 같다. 문을 열어주는 꿈을 기억하는 것과 같다. 젊을 때는 더 구체적인 것을 원했다. 직접적인 대답, 확실한 인도, 구체적인 과제를 주는 영적 부모를 원했다. 이제는 스스로 알아서 챙겨야 한다는 책임을 인정하고 나니, 가끔은 한 걸음 물러서서 모든 대답을 인정하고, 모든 방향을 덮고, 모든 과제를 완수하신 그분의 임재 가운데 편안히 쉬는 것으로 충분하다.

오늘 밤에는 이 평화로운 어둠을 하나님의 임재의 표지로 받아들일 수 있지만, 그 끔찍한 밤은 어찌해야 할까? 어둠이 친구가 아니라 위협으로 다가올 때는 어떻게 해야 할까? 십자가의 성 요한과 제럴드 메이를 오래전 그 밤에도 알았더라면. 하나님을 전혀 느끼지 못할 때라도 그분을 신뢰할 수 있다는 것을 알았더라면. 내가 깨어 있었기에 어쩌면 알았을지도 모르겠다. 세월이 많이 흐른 지금, 그날 밤 문 밖에서 쿵쿵대고 있었던 게 무엇인지 다시 생각해보니, 길을 잃거나 외로운 무언가가 친구를 찾고 있었던 것은 아닐까 궁금해졌다. 틀림없이 어두운 것이었지만 어둡다고 다 나쁘지는 않다. 나를 해치지도 않았다. 두려워하는 마음이 문제였을 뿐이다. 잠겨 있지 않은 문을 열지도 않았다. 내가 문을 열지 말지 결정할 때까지 밤새도록 그냥 문 밖에 앉아 있었다. 나는 문을 열지 않기로 했고, 그 결정은 번번이 돌아와 전혀 새로운 방식으로 나를 괴롭히곤 했다.

그날 밤 내가 방에 들이기를 주저한 것은 무엇이었을까? 무서운 가면 때문에 그분을 외면한 것은 아니었을까? 아니면 내가 거룩한 어둠에 문을 열어줄 만큼 충분히 오랫동안 두려움을 처리할 수 있게 하시려고 이번만큼은 그분이 가면을 쓰지 않고 나타나셨던 것일까? 모르겠다. 그 밤이 되풀이된다면 어떻게 할지도 모르겠다. 그날 이후로도,

내가 기대하는 모습으로, 내가 용납할 만한 형태로 나타나시지 않았다는 이유만으로 몇 번이나 그분을 거부했을까? 그것도 잘 모르겠다. 내가 아는 것은 무지의 구름 가운데 보낸 이 짧은 밤 이후처럼 원기를 회복한 적이 없었다는 것이다. 지난밤에는 어둠을 어떻게 해보려고 애쓰지 않고 그냥 어둠에 나를 맡겼다.

이 마지막 휴식을 끝으로 해가 꽉 찼다. 시계를 보니 8시다. 열두 시간에 걸친 생태 명상 체험이 끝났다. 개미 때문에 피곤해도 집에 돌아가는 발걸음이 아쉽기만 하다. 이 야트막한 동굴은 내게 무척 잘해줬다. 최소한 돌아갈 길은 알고 있다. 나가는 길은 들어온 길이다.

창문을 닫고 몇 안 되는 물건을 챙겼다.

"가자, 댄서."

낙엽이 잔뜩 달라붙은 꼬리를 흔들며 댄서가 달려온다.

지하의 성모 마리아

일출을 보러 나선 적은 많지만, 보름달이 뜨는 걸 보겠다고 일부러
나선 적은 한 번도 없었다. 우연히 본 적은 두어 번 있다. 운전 중에 숲
뒤로 떠오르는 황금빛의 커다란 달을 보고, 사고가 나지 않게 갓길에
차를 세우고 한참을 바라보았다. 도시의 빌딩 숲 사이로 떠오른 달 역
시 경이로운 건 매한가지다. 달의 크기도 크기지만, 지구 상에 달빛 효
과를 대체할 만한 것이 없기 때문이다.

보름달을 볼 때면 내가 지구인이라는 사실을 새삼 실감한다. 보름달 앞에서는 오랜 세월 교육받은 기독교 가치관도 마치 불이 붙은 종이옷처럼 발밑에 주저앉고 만다. 탬버린을 흔들고 춤을 추면서, 와줘서 고맙다고 달에게 인사를 건네고 싶다. 달빛으로 온 세상을 밝혀달라고, 밤새도록 이야기를 들려달라고 부탁하고도 싶다. 동틀 녘이 되어 달빛이 희미해지려 할 때는 가지 말라고 붙잡고 싶어진다. 그래도 달은 아랑곳없이 갈 테지만.

하나님을 사랑하는 만큼 피조물을 사랑할 수는 없다고, 선의를 지닌 그리스도인들이 나를 설득하려 했지만, 나는 확신이 서지 않았다. 침례의 물, 성찬식의 떡과 포도주, 치유의 기름, 십자가의 나무는 사랑해도 되는데, 왜 하늘의 달은 안 되는 건지? 나는 올해 마지막 보름달이 뜨는 모습을 보러 가기로 했다.

달은 주기가 있기 때문에 달을 보려면 먼저 계획을 세워야 한다. 한 달 중에 내가 가장 한가한 날을 택하거나, 하루에도 몇 번씩 상영하는 영화처럼 시간을 고를 수 있는 게 아니다. 달이 뜨는 모습을 보려면 만사 제쳐놓고 시간 맞춰 그 장소로 가야 한다. 그런데 그 장소가 '어디'일까? 어디로 가야 볼 수 있는지 또 어떻게 알까?

일단 동네에서 가장 높은 곳을 찾아가기로 했다. 나무 한 그루 없이 달만 볼 수 있을 정도로 높지는 않지만, 다른 사람들보다는 먼저 달돋이를 볼 수 있을 만큼 적당히 높은 곳이다. 《농부 연감》에 따르면, 동지 이레 뒤인 12월 28일 금요일 저녁 6시 11분에 보름달이 뜬다. 보름달인 동시에 안식일의 달이다. 실제로는 그날 아침 5시 22분에 달이 차지만, 내가 있는 곳에서는 볼 수 없다. 생기 넘치는 두 아이가 양쪽에서 시소를 타듯이, 지평선 한쪽에서 해가 지고 다른 쪽에서 달이 떠오를 때에야 비로소 볼 수 있다.

주방 달력에 동그라미를 쳐둔 날이 되자 남편과 댄서도 따라 나섰다. 쇼를 보기 위한 최적의 장소를 찾아 땅거미 속으로 길을 나섰다. 들판에 풀이 높이 자란 탓에 셋 다 빨리 움직이기가 어려웠다. 발을 뗄 때마다 말벌 집이나 두더지 굴을 피하느라 경중경중 뛰어야 했다. 사이사이 사슴이 지난밤 잠을 청한 흔적을 만나기도 했다. 웃자란 풀숲을 헤치며 높은 언덕을 오르느라 나중에는 다들 입에서 김이 날 지경이었다.

정상에 올라 해넘이를 바라보며 위치를 확인했다. 그런 다음 180도 돌아서서 동쪽에서 올라오는 빛을 찾아보지만, 어디서 달이 떠오를지 구분하기에는 아직 일렀다. 언덕에는 아주 오래된 소나무 한 그루가 덩그러니 서 있다. 20년 전 이곳에 처음 이사 왔을 때 있던 다른 나무들은 병충해나 번개에, 혹은 늙어서 다 사라지고 이제 한 그루만 남았다. 짙게 우거진 녹색 솔잎과 큰 나뭇가지, 수액이 새어 나오는 울퉁불퉁한 몸통을 가진, 진짜 할아버지 나무다. 그 나무 아래 앉을까 생각하다가 나뭇가지에 달이 가려질까 싶어 자리 고르는 일은 댄서에게 맡겼다. 댄서가 고관절이 아파서 주저앉는 순간 우리도 멈췄다. 나는 댄서가 내 무릎에 머리를 기댈 수 있게 자리를 잡고 앉고, 남편도 내가 기댈 수 있도록 내 뒤쪽에 자리를 잡았다.

멀리서 개 짖는 소리나 3-4킬로미터 밖에서 들리는 차 소리를 제외하면, 우리 셋이 숨 쉬는 소리밖에 들리지 않는다. 주위를 둘러싼 어둠의 농도가 시럽처럼 짙어지는데도 아직 별은 보이지 않는다. 한숨을 내쉬는 댄서의 머리를 쓰다듬어주니 녀석이 꼬리로 바닥을 쳤다. 채 내리지도 않은 밤이 너무 아름다워서, 유대인들이 안식일을 '신부'라고 하는 이유를 알 것만 같다. 별이 세 개 뜨면 안식일이 시작된다. 지금도 안식일은 말 한마디 없이 이 공간을 가득 채우고 있다. 아직 시작 전인데도 안식일은 존재감을 유감없이 발휘한다. 서로 먼저 달을 발견하고 소식을 전하고 싶은 마음에 모두가 까치발을 하고 기다렸다.

그렇지만 안식일의 주인공은 신부 같은 달이 아니다. 신부가 문을 열고 들어오면 혼인식이 시작된다. 신부를 본 사람들은 신부만큼 하나님의 사랑을 풍성하게 느낀다. 신부는 빛이 아니라 빛을 비추는 거울이다. 신부는 아름답지만, 매일 밤이 이렇다는 것을 알려주기 위해 오늘 밤 나타난 존재에 불과하다. 일주일의 마지막 날이 풀밭에 누우면 하나님이 안식하신 새날이 시작된다. 빛이 아니라 어둠과 함께. "저녁이 되고 아침이 되니 이는 일곱째 날이니라."

창세기를 보면, 가장 먼저 어둠이 있고 그다음에 빛이 있었다. 하나님이 어떤 말씀도 꺼내시기 전에 흑암이 깊음 위에 있었다. 하나님이 '빛'이 있으라 하시니 빛이 있었지만, 두 번째로 꺼낸 단어는 '어둠'이 아니었다. 어둠은 이미 존재했기 때문이다. 그렇다면 어둠은 어떻게 생겼을까? 무엇으로 만들어졌을까? 나는 모른다. 내가 아는 것은 창조 전에 이미 어둠이 있었다는 것뿐이다. 그래서 하나님은 첫째 날에 빛과 어둠을 만드신 것이 아니라, 빛을 만드시고 빛과 어둠을 나누시고 빛을 '낮'이라 부르시고 어둠을 '밤'이라 부르셨다.

이 태초 이야기가 어둠에 대한 부정적 이미지에 기여하는 바가 있다면, 그것은 우리가 원래 이야기에는 없는 가치관을 부여해서 대립되는 이야기로 만들었기 때문이다. 이야기 어디에도 빛은 좋고 어둠은 나쁘다는 말은 없다. 하나님이 빛과 어둠을 나눠서, 인간이 어느 쪽을 택하는지 시험하려 하셨다는 말도 없다. 그것은 선악과 이야기지 어둠 이야기가 아니다.

"이게 얼마 만이지?" 남편이 내게 물었다. 익숙한 집을 떠나 어스름 내리는 언덕에 나란히 앉아서 그저 달이 뜨기만을 기다려본 지가 언제였던가? 이렇게 탁 트인 공간에서 말없이 앉아 있어본 지가 얼마만인지?

"20년쯤" 하고 나는 답했다.

"왜 이렇게 됐을까?"

둘 다 그 이유는 잘 알지만, 대답하면 너무 슬퍼질 것 같아서 차마

입 밖에 꺼내지 못했다. 정신없이 바빴다. 지난 20년 동안.

바빴다고? 이런 하늘 아래서는 바빴다는 말도 무색해진다. 눈앞에 펼쳐진 지평선에는 3-4킬로미터 떨어진 어느 집 지붕을 빼고는 숲우 듬지뿐이다. 나침반이 없어서 방향이 확실하지 않다. 주방 창문으로 보면 어디서 해가 뜨는지 금방 알겠지만 여기 오니 동서남북이 잘 분간되지 않는다. 하늘은 창문과 달리 사각형이 아닐뿐더러 이곳 하늘은 엄청나게 넓다.

그런데 그때 뭔가 눈에 띈다. 지평선에 걸친 그 집 지붕 위로 얇게 썬 동그란 감이 보였다. 드넓은 지평선에 집이라고는 달랑 한 채뿐인데 거기가 달이 뜨는 곳이란 말인가?

"서둘러요! 자리를 옮겨야겠어요!" 하고 남편에게 말했다.

"왜?" 하고 묻다가 남편도 확인하고는, 댄서에게는 미안하게 됐지만 2미터 정도 떨어진 곳에 다시 자리를 잡았다. 여기서는 위성방송 안테나나 굴뚝, 욕실 환풍구가 달을 가리지 않아서 완벽한 쇼를 볼 수 있겠다. 달님의 오렌지색 얼굴은 완벽하게 둥글고, 무엇보다 엄청 크다. 이 완벽한 신부의 오른쪽 어깨 너머로 별 하나가 선명히 빛난다.

오랜 기다림과 달리, 달은 순식간에 떠올라 하늘 위로 솟으며 점점 더 빛을 잃고 작아졌다. 그래도 여전히 내가 오늘 하루, 이번 주, 아니 올 한 해 본 것 중에 가장 아름답다. 밤새도록 누워 있을 만한 곳은 없어서 아쉽지만 자리를 털고 일어났다.

혼자서는 일어나기 힘든 댄서를 위해서 손으로 지지대를 만들어 도 와주었다. 댄서는 비틀거리며 일어나 우리 뒤를 따라 왔던 길 그대로 언덕을 내려간다. 바로 그때, 우리는 자리를 옮기면 달돋이를 반복해서 볼 수 있다는 사실을 깨달았다. 우리가 내려가면 달도 따라 내려가서 산마루 아래로 숨는다. 원하기만 하면 3미터마다 자리를 잡고 앉아 달이 뜨는 모습을 계속 볼 수 있는 것이다. 덕분에 20년 안에 다시 온다는 약속 없이도 내려가는 발걸음이 한결 가벼웠다.

보름달은 규칙적으로 뜨기 때문에 정말로 보고 싶은 마음만 있으면 얼마든지 달력에 표시해둘 수 있다. 사제로 있을 때《성공회 기도서》뒤쪽에 실린 표를 이용해서 매년 부활절 날짜를 찾는 법을 배웠다. 그 표는 기도서에 유일하게 실린 자연과학이지만, 날짜를 계산하는 규칙은 분명 드루이드(고대 켈트의 땅에서 신의 의사를 전하는 존재로서 정치와 입법, 종교, 의술, 점, 시가, 마술을 행한 자들-옮긴이)를 떠올리게 한다. "부활절은 3월 21일 춘분 뒤의 첫 만월 다음에 오는 일요일이다. 고대 기독교의 계산에 따라 고정된 이 날짜는 천문학상 절기인 춘분과 늘 일치하지는 않는다."[1] 해당 연도의 부활절 날짜를 찾으려면, 황금 수와 주일 문자(교회력에서 가변 축일을 계산하기 위해 매해의 주일을 표시하는 알파벳 문자-옮긴이)를 둘 다 알아야 한다. 이듬해 교회력을 정리하려고 숫자 표를 이리저리 뒤적이다 보면, 사제복 대신 마법사 모자를 써야 되나 하는 생각이 들곤 했었다.

그런데 유난히 지루한 설교 시간에 우연히 이 표를 발견한 아이라도 분명히 알 수 있는 사실이 한 가지 있다. 부활절은 매년 날짜가 다르다는 것이다. 유월절처럼 부활절도 춘분에 고정되어 있긴 하지만, 기한이 비교적 길어서 3월 22일과 4월 25일 사이 어느 날이라도 될 수 있고, 2년 연속 같은 날이 오는 법이 없다. 2012년의 부활절은 4월 8일이었고, 2007년에도 같은 날이었다. 하지만 달이 속도를 늦추거나 지구가 속도를 높이지 않는 한, 4월 8일에 다시 부활절을 맞으려면 2091년까지 기다려야 한다.

그리스도인들이 봄에서 부활을, 무지개에서 하나님의 약속을, 비둘기에서 성령의 임재를 보고, 피조물에서 영성 생활의 지혜를 얻듯이, 달을 보고도 하나님과의 관계에 대한 지혜를 얻을 수 있지 않을까? 빛이 비치는 날도 있고, 빛이 사라지는 날도 있다. 보름달이 뜨는 날도 있고, 달이 보이지 않는 날도 있다. 이런 변화는 주기에 따라 일어나기 때문에 변덕스러운 것이 아니다. 오늘 밤은 어두운가? 무서워하지 마라, 영원히 어둡지는 않을 테니. 오늘 밤은 환한가? 즐겨라, 그 빛이 영원하지 않을 테니.

그러나 인간은 자신의 집이든 영혼이든, 명암을 통제할 수 있는 권리를 쉽게 포기하지 못한다. 어둠에 대한 인간의 자연스런 두려움에 기독교의 가르침이 추가되면 그 혐오감은 신성시된다. 교회에서는 우리가 빛의 자녀로 부르심을 받았다고 가르친다. 성자Son를 찬양할 때 사실은 동음이의어인 태양Sun도 찬양하고 있는 셈이다. 우리는 화창한 날씨에 감사하면서 대낮의 밝은 빛을 받으며 바른 길을 걸어간다. 밤이 되면 어둠의 자식들이 들어오지 못하게 문을 닫고 보안등을 켜고 밤의 모든 위험에서 안전하게 지켜달라고 기도한다. 하나님은 빛이시고 그에게는 어둠이 조금도 없으시기 때문이다(요일 1:5).

이 지배적 관점에 맞서는 것은 별 의미가 없다. 그러나 이런 이분법 때문에 자신의 영혼에 꼭 필요한 것을 스스로 차단하고 있다는 사실은 추호도 의심하지 못한 채, 어두운 곳을 피하고 환한 길을 벗어나지 않으려 애쓰느라 괴로웠던 사람들에게는 다른 길이 있다. 영혼의 보물을 숨기고 있는 어두운 밤이 당신을 기다리고 있다.

가톨릭 신자는 아니지만 성모 마리아를 믿는다. 여자이기도 하고 온전히 사람이기 때문이다. 대개의 경우 마리아가 그 아들 예수보다 나를 더 잘 이해해주리라 생각하는데, 그녀도 달의 주기를 따르는 DNA와 신체를 지니고 있(었)기 때문이다. 지금의 나만큼 나이가 든 마리아는 매월 달처럼 채웠다가 비우는 게 어떤 느낌인지 기억할 것이다. 사람들이 달 없는 밤에 익숙해지지 않는 것과 마찬가지로, 이런 변화를 겪으면서도 좀처럼 익숙해지지 않을 때 기분이 어떤지 잘 알 것이다. 아직 달이 안 떴나? 아니면 벌써 졌나? 달이 보이지 않는 컴컴한 사흘이 돌아올 때마다 우리는 잊어버리기 쉽다. 그러나 밀물과 썰물이 예측 가능하듯이, 차고 기우는 달도 만물의 자연스런 흐름의 일부다.

2009년에 샤르트르 대성당에 처음 가 보았다. 유럽에서 가장 아름다운 고딕 성당이라는 이유뿐 아니라, 회중석에 있는 대형 미궁 때문에 오래전부터 관심 있게 지켜봤던 곳이다. 이 미궁은 12세기 이후로 수많은 순례자들을 이곳으로 불러모았다. 그 전에는 대머리 왕 카롤루스 2세가 876년에 이곳에 가져온 '상크타 카미사Sancta Camisa'를 보러 왔다고 한다. 전설에 따르면 마리아가 예수를 낳을 때 이 숄을 입고 있었단다.

나는 숄에는 별 관심이 없었다. 플라잉 버트레스(대형 건물 외벽을 떠받치는 반 아치형 벽돌이나 석조 구조물 – 옮긴이)와 문 위쪽 조각, 스테인드글라스 창문, 무엇보다도 미궁을 보고 싶었다. 친구가 몇 년 전에 미궁을 체험하러 그곳에 갔었는데, 교회에 들어가도 미궁이 보이지가 않았단다. 줄지어 있는 의자들을 지나 제단 쪽으로 걸어가다가 통로 중간쯤에서 갑자기 발 쪽이 묵직해져서 멈춰 섰다고 한다. 아래를 내려다보니 자신이 정확히 미궁 한가운데 서 있었는데, 의자가 미궁을 다 가리고 있었다. 알고 보니 미사에는 관심 없고 미궁만 찾는 관광객들에게 넌덜머리가 난 대성당 사제가 주중에는 예배를 드릴 수 있게 내부를 정리해두고 금요일에만 미궁을 공개했던 것이다.

난생처음 대성당에 들어가기 전, 밖에 서서 정문 양옆에 위치한 대조적인 두 첨탑을 올려다보았다. 북쪽 탑은 주름 장식이 많은 아치가 층층이 쌓여서 꼭대기에 있는 이글거리는 태양 상징물까지 올라간 모습이 웨딩 케이크를 닮았다. 남쪽 탑은 더 낮고 평범한데, 가파른 피라미드 끝에 새로운 달 상징물이 걸려 있다. 나중에 나는 종교기하학을 배우는 학생들 눈에만 똑똑히 들어올 이 두 탑의 상징적 의미를 발견했다. 성전기사단이 이 놀라운 설계를 고안했다고 믿는 사람들도 있지만, 셈은 누구나 할 수 있다.

투사지에 대성당 앞면을 그려서 내부 그림에 덮어씌우면, 태양 탑이 성당 내부와 완벽하게 들어맞는 것을 볼 수 있다. 탑 기저를 교회로 들어가는 첫 번째 계단에 맞추면, 첨탑 꼭대기가 제단 뒤에 있는 벽에 닿는다. 태양 탑은 총 길이 365피트로, 1피트가 1년 365일을 상징한다. 달 탑은 정확히 28피트가 더 낮아서(1피트는 달의 주기의 하루를 상징한다) 그 꼭대기가 애프스 정중앙과 맞아떨어진다.

이 정도는 아무것도 아니라는 듯이, 성당 외관 정면의 장미 창문과 내부 바닥의 미궁은 둘 다 지름이 40피트로 크기와 배치가 정확히 일치한다. 성당 앞쪽 벽을 바닥까지 낮추면, 빛을 통과시키는 창문이 어둠을 덮는 미궁 위에 딱 맞아떨어진다. 미궁에 있는 돌의 숫자는 아기가 모태에서 보내는 날수와 일치한다. 샤르트르 대성당은 이런 식으로 출생에서 사망까지의 인생 여정과 태양 주위를 도는 지구 여정의 축소판을 보여줌으로써, 몸과 영혼을 별개로 생각하는 사람들의 생각을 바로잡는다.

예상대로 미궁은 훌륭했다. 그런데 내가 미처 예상하지 못한 것이 있었는데, 바로 성당 아래 있는 또 다른 성당이었다. 1194년 화재에도 무사했던 이 대형 지하실은 새로운 고딕 대성당의 든든한 기반이 되었다. 희한하게도 이 아래쪽에 묘가 하나도 없는데, 이유는 아무도 모른다. 9세기 노르웨이 침략군이 그리스도인 두 명을 수장했다는 이야기가 전해 내려오는 오래된 우물을 제외하고는, 이 기다란 지하에는 예배실뿐이다. 양쪽으로 평범한 로마네스크 양식 채플이 일곱 군데이고, 끝에는 노트르담수테르 예배당이 있는데, 야트막하고 어두운 동굴 안에 짙은 색 나무 의자가 줄지어 놓여 있다.

제단 위에는 마리아와 아기를 형상화한 작은 목상이 있는데, 프랑스 혁명 때 파괴된 목상을 복원한 것이다. 목상은 아주 짙은 색이라 멀리서는 잘 보이지 않는다. 자세히 보려고 제단 뒤쪽까지 걸어오니 그제야 경직된 아기를 무릎에 안고 왕좌에 앉아 있는 경직된 어머니의 얼굴이 눈에 들어온다. 어머니는 눈을 감고, 아기는 눈을 크게 뜨고 있다. 둘 다 사랑스런 표정은 아닌데도 시선을 사로잡는 까닭은 그들을 알아보려면 주의 깊고 비상한 관찰이 필요하기 때문이리라.

미술사가들은 이 조각상을 프랑스에 있는 수많은 검은 마리아상의 하나로 본다. 생김새가 아프리카인이거나 그을음이 껴서가 아니라 피부색이 검기 때문이다. 한 이론에 따르면, 마리아의 피부색이 검은 이유는 가톨릭의 마리아 숭배가 드루이드교의 여신 숭배를 대체하는 과정에서 마리아가 여신의 검은 피부를 물려받았기 때문이라고 한다. 또 다른 이론에서는 마리아를 토착민으로 보기도 한다. 마리아의 피부가 검을수록 통치하는 사람보다 섬기는 사람들을 더 많이 닮게 마련이다. 프랑스에는 자녀를 위해 음식을 구걸하는 집시 여성들이 눈에 많이 띄는데, 지하 예배당의 마리아상은 그 사람들과는 별로 닮지 않았다. 오히려 아키텐의 여공작 엘레오노르와 비슷한데 피부만 검을 뿐이다.

자리에 앉아 마리아상을 계속 쳐다보고 있자니 또 다른 가능성이 떠오른다. 어둠은 마리아의 문제가 아니라 마리아를 바라보는 우리의 문제가 아닐까. 우리는 희미하게 본다. 마리아는 우리의 궁금증에는 관심이 없다. 원한다면 마리아의 콧등에 손전등을 비출 수도 있지만, 그렇다고 해도 그녀는 눈을 뜨지 않을 것이다. 아무리 빛을 많이 쪼여도 마리아는 자신의 신비를 포기하지 않는다. 조금 전 기념품 가게에서 본 은메달에는 앞면에는 마리아의 얼굴이, 뒷면에는 마리아의 말이 새겨져 있었다. "빛 가운데 살려면 모든 것이 나를 통해 와야 한다." 그 말 아래 "동굴의 성모 마리아"라고 서명을 했으면 어땠을까 싶다.

이 아래까지 달빛이 들어오지는 않지만, 달빛이야말로 확실히 이 검은 마리아의 빛이다. 더 밝은 빛을 원하는 사람은 위층 대성당에 있는 흰 마리아상을 보면 된다. 사실 관광객은 다들 거기에 몰려 있다. 지하의 마리아상을 보려고 여기까지 내려오는 사람은 거의 없다. 무릎이 안 좋거나 그냥 평범한 지하실이라고 들어서일 것이다.

"아래에도 뭐가 있나요?" 이제 그만 나가려는데, 계단참에서 어떤 사람이 내 앞에 있는 여자에게 물었다.

여자는 "아무것도 없어요. 컴컴하고 어둡기만 해요"라고 대답했다.

밖으로 나와 달 탑을 올려다본다. 환한 대낮인데도 볼 게 없다. 설탕으로 집을 지은 듯한 태양 탑과 비교하면, 달 탑은 첨탑이나 중간 선대도 없는 볼품없는 뾰족 모자 같다. 눈까지 감겨 있다.

해가 지고, 불 켜진 대성당을 보러 다시 이곳을 찾았다. 미술관, 극장, 콘서트홀, 미디어테크 등에 정교하게 디자인된 조명이 투영되어 도시 전체가 불을 밝혔다. 관광객들은 사진을 찍고, 연인들은 벤치에 앉아 다정한 장면을 연출하고, 부모들은 아이들에게 끝나면 아이스크림을 사주겠다고 약속하고는 이곳저곳 몰고 돌아다니느라 바쁘다.

스피커에서 프랑시스 풀랑크의 음악이 흘러나오는 사이, 대성당 앞 광장에 몰린 큰 인파는 성당 서쪽 외벽을 뒤덮은 거대한 마리아를 넋 놓고 바라본다. 이 마리아는 성당 내부 스테인드글라스에 그린 〈벨 베리에르〉를 복제한 것인데, 지하의 마리아상에 화려한 색을 입힌 버전이라 할 수 있다. 마리아의 푸른색 옷도 너무 푸르고 배경의 붉은 색도 너무 붉어서 눈이 적응하느라 살짝 두통까지 느낄 정도다. 이 정도 밝기에서는 금색과 보석으로 장식한 십자가 모자이크가 서로 반사되어 태양 탑과 달 탑이 거의 비슷해 보인다. 나는 마리아의 작은 발에서부터 머리 위 쌍둥이 첨탑까지 여러 번 훑으면서, 빛이 없는 곳에서 멈췄다가 다시 시작하기를 반복했다. 그러다 목이 아파서 반대쪽으로 목을 당기는 순간, 달 탑이 어디를 가리키는지 알게 되었다. 샤르트르 대성당 위에 걸린 진짜 달, 너무 희미해서 아래쪽 화려한 색상과 대조적으로 거의 눈에 띄지 않는 그 달.

앞에 펼쳐진 두 개의 빛 쇼를 눈으로 왔다 갔다 하면서, 내게 주어진 선택을 깨달았다. 나는 만물 위에 비치는 빛을 원하는가? 아니면 만물에서 흘러나오는 빛을 원하는가? 다음날 아침, 대성당 기념품 가게에 다시 들러 지하의 마리아상이 새겨진 은메달을 샀다. "빛 가운데 살려면 모든 것이 나를 통해 와야 한다." 이후로 줄곧 마리아는 내게 말한다.

지하의 마리아는 낮과 밤 중에 하나를 고르라고 하지 않는다. 성장하려면 대낮의 환한 빛만큼 변화무쌍한 어둠의 빛도 필요하다. 마리아는 "둘 다에 마음을 주라"고 말한다. 밤에는 낮만큼 잘 보이지 않는다고 불평하면, 그게 좋다고 말한다. "그래야 속도를 줄일 수 있단다." 밤에는 졸려서 일을 많이 못한다고 불평하면, 맞다고, 하지만 원래 섭리가 그런 거라고 말한다. "그래야 좀 쉴 수 있지." 속도를 줄이면 별로 생각하고 싶지 않은 것들을 생각하게 된다고 지적하면, 웃는다. "그런 것들이 생각하지 않는다고 그냥 사라질 거 같으니?"

마리아는 항상 옳다.

"제게 뭘 원하시나요?" 하고 물으면, "아무것도"라는 답이 돌아온다. 처음에는 성모 마리아가 내게서 아무것도 원치 않는다는 뜻으로 생각했지만, 그 뜻이 아니다. 내가 아무것도 없기를 원한다는 뜻이다. 그녀는 내가 아무것도 아닌 존재, 아무것도 하지 않는 것, 아무것도 믿지 않는 것, 아무 소용도 없는 것, 아무 결과도 얻지 못하는 것을 얼마나 두려워하는지 잘 알기 때문이다. 무(無, nada). 마리아는 내게 뭔가 더 있다고 생각하는 것 같다. 그래서 내가 아무것도 없기를 바라는 것이리라. 마리아는 내가 그렇게 되면 놀랄 것이라고 말한다. 나는 고려해 보겠다고 대답했다.

14세기 신비주의 사상가 마이스터 에크하르트는 "영혼은 보탬으로써 성장하는 것이 아니라 덜어냄으로써 자란다"고 기록했다.

장소를 떠나고 시간을 떠나고
이미지까지 피하라!
길도 없는
좁은 오솔길로 떠나라.
그러면 사막에서 길을 찾을 것이다.[2]

복음서를 보면 예수님은 그 길을 잘 아셨다. 예수님은 밖에서 별빛 아래 주무시는 습관이 있었다. 산을 찾을 수 있으면 산 위에서 주무셨다. 구체적인 내용 없이 밖에서 주무신 사실만 언급했다는 것은 혼자 가셨음을 시사한다. 예수님이 사람들을 데려가신 경우에는 대개 후일

담이 많지만, 혼자 계시던 밤에 대해서는 아무도 이야기할 수 없었을 것이다. 예수님과 마귀가 논쟁을 벌였던 광야의 40일조차도 그 기간이 끝날 때까지 별 다른 언급이 없다.

이런 사실과 더불어 하나님이 신약 성경 전체에서 예수께 직접 말씀하신 경우가 요한이 세례를 받고 난 직후 한 번밖에 나타나지 않는 점을 고려하면, 이 부자는 공개 대화를 하지 않았던 것이 분명하다. 오히려 예수님이 밤에 산에 올라 기도하며 하나님을 만날 때처럼 굉장히 은밀하게 이루어졌다. 그리스도인들이 주장하는 대로 예수님이 참사람이셨다면, 수면 구조도 평범한 사람들과 별 차이가 없었을 것이다. 예수님도 자다 깨다를 반복하셨다. 자다가 깨어 두어 시간 쉬다가 다시 잠들곤 하셨을 것이다. 그렇게 한밤중에 눈을 떴을 때 밤하늘이 눈에 들어왔고, 다시 눈을 감아도 하늘은 그 자리에 그대로 있었다. 예수님과 하나님의 가장 친밀한 순간을 목격한 유일한 존재는 달과 별들뿐이었고, 그 만남은 모두 기도였다.

창밖으로 보름달이 하늘 높이 솟아올랐다. 나무와 그림자가 어우러져 평소보다 두 배는 빽빽해 보이는 들판 위로 강렬한 빛이 쏟아져 내린다. "빛 가운데 살려면 모든 것이 나를 통해 와야 한다." 달의 성모가 하신 말씀을 나는 믿는다. 아침에 깨면, 하나님의 '나다'에서 쏟아져 내리는 환한 선물들, 햇빛과 온기와 일, 믿음과 소망과 사랑에 감사할 것이다. 이제 내가 확실히 아는 한 가지는, 이런 선물들은 낮에 오지만 어둠 가운데 광택이 난다는 것이다. 마치 우리가 잠들면서 문밖에 놔둔 신발이 광을 내듯이. 동굴에서 가져온 눈부신 돌이 주머니 속 어두운 곳에서 빛을 발하듯이. 이런 것들이 대낮에는 빛을 발하지 않는다니, 이보다 더 의미심장한 상징이 또 있을까?

빛은 동굴에 있지 않았다. 내내 우리 눈에 있었다.

주, 하나님

지금 제가 어디로 가고 있는 건지 모르겠습니다.

제 앞에 놓인 길이 보이지 않습니다.

그 길이 어디에서 끝날지 저는 알지 못합니다.

사실 저는 저 자신조차 알지 못합니다.

당신의 뜻을 따르고 있다고 생각한다고

실제로 하나님의 뜻대로 행하고 있는 것은 아닐 것입니다.

그러나 주님을 기쁘게 해드리려는 마음이

정말로 주님을 기쁘게 한다는 것만은 확실히 압니다.

제가 하는 모든 일 가운데 그런 마음을 갖길 원합니다.

주님을 기쁘게 해드리려는 마음에서가 아니라면

그 어떤 일도 하지 않기를 원합니다.

제가 주님을 기쁘게 해드리려 한다면

주님은 저를 옳은 길로 인도하실 것입니다.

제가 그 길에 대해 전혀 알지 못한다 할지라도 말입니다.

그러므로 때로 죽음의 그림자 속에 길을 잃은 듯 보일지라도

저는 주님을 항상 신뢰할 것입니다.

주님께서는 제가 인생의 위험을 홀로 맞닥뜨리게 내버려두지 않으시고

항상 저와 함께하실 것이기에 저는 두려워하지 않으렵니다.

_토머스 머튼, 〈고독 중의 묵상〉

날을 축복하며

날은 날에게 말하고
밤은 밤에게 지식을 전하니.

시 19:2

언젠가는 책을 쓰기 전에 책에 어떤 내용이 담길지 미리 알 수 있는 날이 오기를 바란다. 하지만 아직까지 그런 일은 없었다. 이 책을 처음 쓰기 시작했을 때에는 어둠에 대해서, 즉 물리적·심리적 어둠은 물론이고 영적·신학적 어둠에 대해서도 더 잘 알아야겠다는 생각뿐이었다.

나이 든 부모님을 돌보고, 사랑하는 사람들의 장례식에 가고, 경제적 위기를 당하고, 만년설이 녹아내리고, 교회가 문 닫는 모습을 지켜보는 등 어둠 속을 걷는 일이 점점 더 많아지면서, 어둠 속에서는 보기 드문, 기독교에서 확실하다고 하는 것들을 따져보니 주변에서 어둠을 피해야 하는 이유라고 말하는 것들에 점점 확신이 떨어졌다. 어둠을 막는 데 필요한 에너지는 급속도로 고갈되어 내가 감당할 수 있는 범위를 넘어섰다. 다른 방법이 있지 않을까?

이렇게 마지막까지 오고 보니, 이 책은 상실을 안고 살아가는 법에 대한 책이 아닌가 싶다. 그런 삶은 시대와 장소를 불문하고 힘겹게 마련이지만, 이를 애써 못 본 척하는 사회에서는 특히나 어렵다. 검색 엔진에 '상실 관리'라고 치면, 수많은 사이트가 나온다. 교회에서는 그런 용어를 사용하지 않지만, 나름대로 상실 관리 전략이 있다. 그중에서 주요한 것이 하나님에 대한 신앙이 온갖 종류의 어둠에서 당신을 지켜준다고 홍보하는 영적 회피다. 말하자면 이런 식이다. "빛의 자녀로 걸으면, 모든 밤이 낮처럼 환할 것입니다." 이런 전적 태양 영성은 많은 사람들에게 효과가 있어서, 이를 곧이곧대로 믿지 않는 사람들은 자신에게 문제가 있다고 생각하기 쉽다. 나도 그런 사람 중 하나였기에, 어둠을 연구해야겠다고 생각하게 된 계기가 되었다.

책이 거의 마무리 단계에 왔을 즈음에서야 페마 초드론을 스승으로 삼게 되었는데, 초드론의 진단이 정확한 만큼 그의 도움이 꼭 필요했다. 초드론에 따르면, 우리는 실패를 막아주는 안전지대를 구축하느라 정신이 없어서 이 모든 고통의 원인을 알아차리지 못한다. 문제는 저 멀리 외부에, 어두운 밤, 어두운 생각, 어두운 손님, 어두운 감정 등 우리를 두렵게 만드는 것들에 있다고 생각한다. 이런 것들에서 자신을 지킬 수만 있다면 확실한 안정감을 느낄 수 있다고 믿는다. 그러나 경험이 반복해서 증명해주듯 이 생각들은 틀렸다. 진짜 문제는 "저 멀리 외부에 있는 것"이 아니라, 오히려 "저 멀리 외부에 뭐가 있는지를 알려 하지 않는" 우리 자신이다. 어둠 속을 걷는 법을 배우기 꺼리는 마음, 거기에서 고통이 시작된다.[1]

이 책이 방법을 알려주는 책이 아니지만, 그나마 줄 수 있는 유일한 지시 사항은 당신의 어둠에 더 호기심을 품으라는 것이다. 불을 켜기 전에 잠깐만 어둠에 머물러 있으면, 어둠에 대한 두려움에 대해 무엇을 배울 수 있을까? 당신은 신체 어느 부위에서 두려움을 느끼는가? 전에도 그렇게 느낀 적이 있는가? 당신이 두려워하는 일이 실제로 벌어질까? 당신의 마음은 어떻게 하라고 말해주는가? 어둠이 더 이상 퍼지지 않도록 당신은 스스로에게 어떤 이야기를 들려주는가? 무서운 생각이 들 때 정신을 똑바로 차리려면 어떤 게 도움이 되는가? 밝은 데서는 도저히 배울 수 없는 교훈을 어두운 데서 배운 적이 있는가?

대다수 사람은 이 질문 목록을 다 훑어보기도 전에, 그만두고 싶은 마음이 앞선다. 얼마나 오랫동안 해야 할까? 이 책은 실용서가 아니니 원치 않는 사람은 억지로 할 필요가 없다. 하지만 어둠 속에서 걷는 법을 배울 준비가 된 사람이라면, 심호흡을 크게 세 번 하면서 시도해보

라. 다시 심호흡 네 번. 그러고 나면 언제 멈추고 언제 계속해야 할지를 스스로 알 것이다. 정말이다. 당신보다 어둠을 덜 무서워하는 친구가 한 명이라도 있다면, 그 친구에게 같이 어둠을 연구하자고 부탁해보라. 혼자든 함께든, 당신이 할 일은 매우 간단하고 확실하다. 어둠에 대한 선입견이나 사전 지식을 내려놓고, 직접 진실을 찾아보는 것이다.

그 진실이 무엇이든, 내가 찾은 진실과 당신이 찾은 진실은 다를 수밖에 없다. 그 진실은 또한 변화일 수밖에 없는데, 깨달음과 마찬가지로 무명無明 역시 진행 중이기 때문이다. 무엇보다도 나는 어둠 속을 걷는 법을 배우면서 신앙을 되찾았다. 전적 태양 전통에서 뿌리 뽑힌 신앙을 달빛에서 회복했다. 태양은 떠오르기도 하지만 지기도 한다. 날을 축복한다는 것은 내가 축복하는 대상을 보지 못할 때에도 빛과 어둠 전체를 받아들인다는 뜻이다. 위험하지 않느냐고? 그럴 수도 있다. 하지만 지금으로서는 내가 받아들인 것보다는 무엇을 빠뜨리지 않았나 하는 마음에 더 두렵다. 이 땅에서 남은 제한된 시간 동안 상위 절반만 누리고 싶지 않다. 육체는 빼고 영혼만, 부재는 빼고 임재만, 의심은 빼고 믿음만 누리고 싶지 않다. 내 나이쯤 되니 다 누리고 싶다.

책을 쓰는 과정에서 어둠이 찾아준 또 다른 보물이 있다. 밤을 배경으로 하는 성경 이야기들, 어둠에 익숙한 새로운 스승들, 무지의 구름에 대한 깊은 경외감, 하나님의 부재 가운데 머무는 능력을 알게 된 것이다. 그리고 무엇보다도 상실이 곧 삶의 방식이라는 진리로 새롭게 세례를 받은 것은 그중에서도 가장 큰 수확이다. 마지막 수확은 좀처럼 믿기 힘들지만, 계속 어둠 속을 걸어가다 보면 분명해질 것 같다. 끊임없이 어두운 밤 가운데로 발을 내딛고, 끊임없이 낮처럼 밤을 즐기려면 연습이 필요하다. 바라기는 마지막 큰 발걸음을 내디딜 때 내 다리와 마음이 그 길을 알 수 있기를.

그때까지는 늦봄부터 가을까지 진입로를 가득 메우는 백합과 어울릴 만한 달빛 정원을 우리 집 주방 창밖에 가꿔볼 계획이다. 달빛 정원은 오래전부터 있었는데도, 달빛만으로 만족 못하는 요즘 사람들은 차거나 기울지 않는 인공조명을 추가로 설치한다. 하지만 이제 우리 집 정원의 빛은 찼다가 기울 것이다. 현재 계획은 층층나무로 높이를 맞추고, 하얀 장미와 치자나무로 향을 내고, 양치식물을 심어 바람 불면 소리가 나게 하고, 나이트 플록스로 촉감을 살릴 생각이다. 달빛 정원 주변과 안팎 곳곳에는 달맞이꽃, 천사의 나팔, 큰까치수염, 산떡쑥 등 하얀 꽃을 많이 심어서 달빛을 잔뜩 빨아들일 생각이다. 밤나팔꽃도 빠뜨리면 안 되겠지.

꽃 이름이 예뻐서 꽃을 심다 말고 가만히 앉아 이름을 계속 불러본다. 우리 집 정원에 달빛이 얼마나 드는지를 지켜보는 것이야말로, 달의 주기를 놓치지 않는 가장 좋은 방법이 아닐까? 또한 달과 꽃이 모두 활짝 필 때 그 사이를 산책하는 것이야말로, 어둠 속에도 빛이 있다는 사실을 기억하는 가장 좋은 방법이 아닐까?

독자들이 책을 사지 않는다면 당신의 손에 들린 이 책은 빛을 볼 수 없었을 것입니다. 그러니 감사의 글에서 맨 앞자리를 차지해야 할 사람은 바로 당신입니다. 이 책을 읽어주어 고맙습니다. 당신이 작은 서점에서 이 책을 구입했다면, 서점 주인에게 고마워하고 계속해서 서점을 유지할 수 있도록 도와주시기를 바랍니다. 아는 사람에게서 좋은 책을 소개받는 유익을 대신할 만한 것은 없으니까요.

하퍼원 출판사의 미키 모들린, 마크 타우버, 클라우디아 부토트에게 감사합니다. 또한 이 책을 하퍼원에 소개해준 나의 백기사 톰 그레이디에게도 감사합니다. 내가 신뢰하는 유일한 문법학자인 신시아 섀턱은 초고를 한 줄도 빠짐없이 읽고 소중한 조언을 아끼지 않았습니다. 그녀의 직관은 문법 실력만큼이나 완벽합니다. 미키 모들린과 톰 그레이디도 초고를 읽고 내가 놓친 것들을 짚어 내어, 더 나은 글을 쓸 수 있도록 도와주었습니다.

출판이라는 복잡한 미로를 처음부터 끝까지 무사히 통과할 수 있도록 도와준 하퍼원 출판사의 케이티 렌즈와, 글을 쓰는 동안에도 독자와의 소통이 끊이지 않도록 페이스북 페이지를 잘 관리해준 맨디 차할에게 고맙습니다. 그 밖에도 하퍼원 출판사의 유능한 팀원 레이나 애들러, 다시 코핸, 테리 레너드, 미셸 웨더비, 자넬 에이지스, 에이미 밴랜젠, 줄리 베이커, 멜린다 멀린, 리사 주니가, 엘리자베스 버그, 킴벌리 맥커친, 이들이 없었다면 이 책은 결승선을 통과하지 못했을 것입니다. 모두에게 깊은 감사를 전합니다.

프랜 맥켄드리는 2008년 카누가 컨퍼런스 센터에서 열린 대림절 피정에 나와 존 필립 뉴웰을 초청하여, 처음으로 어둠으로 들어가는 문을 열어주었습니다. 이 책의 많은 내용은 그곳에서 탄생해서, 2011년 브라이언 맥클라렌과 함께한 재뉴어리 어드벤처, 2011년 사우스 대학교 듀보스 강좌, 2012년 버지니아 신학교 바우어스 컨퍼런스를 통해 발전을 거듭했습니다. 매사추세츠 주 올리언스의 데이비슨 대학과 성령교회에서 책의 초반부 내용을 강의로 듣고 의견과 질문을 주신 분들께도 깊이 감사드립니다. 뿐만 아니라, 저를 초청하여 섬겨준 스와니 신학교의 윌리엄 스태포드, 크리스토퍼 브라이언, 빌 브로센드, 버지니아 신학교의 이언 마컴, 바니 호킨스, 셀라 케이시-브라운, 데이비슨 대학의 로버트 스패치, 성령교회의 애덤 린튼, 사라 켈브, 재뉴어리 어드벤처의 버지 피크렌에게 감사합니다.

록웰과 매리언 워드는 6장의 주인공입니다. 이 부부 덕분에 무사히 오르간 동굴에 들어갔다 나올 수 있었고, 내용의 정확성을 위해 6장

내용을 꼼꼼하게 읽고 교정해주었습니다. 그래도 잘못된 부분이 있다면 그것은 제 실수입니다. 록웰은 카시오페이아 이야기를 제게 처음으로 들려준 천문학자이기도 합니다.

로렌 위너는 이 프로젝트를 처음 알았을 때부터 제게 꼭 필요한 책들을 보내주었습니다. 제 달빛 도서관을 채워준 소장 자료뿐 아니라, 글쓰기와 우정이라는 선물로 인해 늘 고맙습니다. 켄 셰스테드도 자신이 쓴 에세이를 보내주었습니다. "카르페 녹템Carpe Noctem: 어두운 시대를 살아가기 위한 영적 비전"이라는 글은 제목 그대로 밤을 즐길 수 있도록 격려해주었습니다. 친구 마샤 스턴과 주디 바버는 제 전화를 차단하지 않고 수년간 이 책에 대한 구상을 들어주었습니다. 두 사람의 끈질긴 우정과 넉넉한 영혼에 고맙습니다.

마지막으로, 최고의 독자요 최고의 친구인 에드에게 감사합니다. 남편은 저와 함께 별을 보고, 말장난을 하고, 조사를 하고, 이야기를 떠올렸습니다. 남편은 제가 하는 어둠 이야기를 들으며 그지없이 행복해했습니다. 또한 책을 마무리하는 동안 미국과 유럽에서 홀로 온갖 허드렛일을 도맡아 해주었습니다. 남편 없이는 아무것도 생각할 수가 없습니다. 남편에게 깊은 감사와 사랑을 전합니다.

2013년 6월 아일랜드 발리페리터에서
바바라 브라운 테일러

주

누가 어둠을 두려워하는가?

1   Lisa Belkin, "Are Fairy Tales Too Scary for Children?" *New York Times*, January 12, 2009.
2   James Bremner, "Fear of the Night", in *Let There Be Night*, ed. Paul Bogard (Reno: University of Nevada Press, 2008), p. 184.

하나님에 대한 두려움

1   *The Cloud of Unknowing*, ed. Emilie Griffin (San Francisco: HarperSan-Francisco, 1981), p. 15.
2   *Commentary on the Song of Songs, Homily 11*, quoted by Philip Kariatlis in "Dazzling Darkness: The Mystic or Theophanic Theology of Saint Gregory of Nyssa," *Phronema 27*, no. 2 (2012): pp. 99-123.

빛 공해

1   Verlyn Klinkenborg, "Our Vanishing Night", *National Geographic* (November 2008), pp. 102-123.
2   James Agee and Walker Evans, *Let Us Now Praise Famous Men* (Boston: Houghton Mifflin, 1988), p. 211.
3   Christopher Dewdney, *Acquainted with the Night* (Toronto: HarperPerennialCanada, 2004), p. 210. 《밤으로의 여행》(예원미디어).
4   Dewdney, *Acquainted with the Night*, p. 178.
5   Chet Raymo, *The Soul of the Night* (Cambridge MA: Cowley Publications, 1992), p. 57.
6   Raymo, *The Soul of the Night*, p. 84.
7   "Brain Basics: Understanding Sleep", National Institute of Neurological Disorders and Stroke, accessed December 26, 2012, www.ninds.nih.gov/disorders/brain_basics/understanding_sleep.htm.
8   Dewdney, *Acquainted with the Night*, p. 109.

9 Dewdney, *Acquainted with the Night*, p. 104; Christina Robertson, "Circadian Heart," in *Let There Be Night*, ed. Paul Bogard, p. 175.

10 Jane Brox, *Brilliant* (New York: Houghton Mifflin Harcourt, 2010), p. 303. 《인간이 만든 빛의 세계사》(을유문화사).

어두운 감정들

1 Mirium Greenspan, "The Wisdom in Dark Emotions", *Shambhala Sun* (January 2003), p. 58.

2 Mirium Greenspan, *Healing Through the Dark Emotions* (Boston: Shambhala, 2004), p. xiv. 《감정공부》(뜰).

3 Greenspan, *Healing Through the Dark Emotions*, p. 1.

4 Ken Wilber, *One Taste* (Boston: Shambhala, 2000), p. 27. 《켄 월버의 일기》(학지사).

눈먼 자들의 눈

1 Diane Ackerman, *A Natural History of the Senses* (New York: Random House. 1990), p. 230.

2 "Blind Leading the Blind," on Jacqueline Harmon Butler's website, accessed October 15, 2012, www.jacquelineharmonbutler.com/BLTB_Switzerland.cfm.

3 "Opaque–Dining in the Dark," Yelp.com, accessed October 15, 2012, www.yelp.com/biz/opaque-dining-in-the-dark-at-v-lounge-santa-monica.

4 "Opaque–Dining in the Dark."

5 Annie Dillard, *Pilgrim at Tinker's Creek* (New York: Harper's Magazine Press, 1974), p. 28. 《자연의 지혜》(민음사).

6 Dialogue in the Dark website, accessed January 1, 2013, www.dialogue-in-the-dark.com.

7 *The Book of Common Prayer* (New York: Church Hymnal Corporation, 1986), p. 133.

8 Jacques Lusseyran, *Against the Pollution of the I* (Sandpoint, ID: Morning Light Press, 2006), p. 31.

9 Lusseyran, *Against the Pollution of the I*, pp. 27-28.

10 Lusseyran, *Against the Pollution of the I*, p. 65.

11 Lusseyran, *Against the Pollution of the I*, p. 83.

12 요한복음 9:39.

동굴 속으로

1 "John Cage quotations," University of Pennsylvania website, accessed November 23, 2012, www.english.upenn.edu/~afilreis/88/cage-quotes.html.

2   Barbara Hurd, *Entering the Stone* (New York: Houghton Mifflin, 2003), p. 133.
3   Hurd, *Entering the Stone*, p. 136.

영혼의 어두운 밤

1   Gerald G. May, *The Dark Night of the Soul* (San Francisco: HarperOne, 2005), p. 34. 《영혼의 어두운 밤》(아침영성지도연구원).
2   Karen Armstrong, *The Great Transformation* (New York: Anchor, 2007).
3   Phyllis Tickle, *The Great Awakening* (Grand Rapids: Baker Books, 2008).
4   Harvey Cox, *The Future of Faith* (San Francisco: HarperOne, 2009), p. 7. 《종교의 미래》(문예출판사).
5   James Fowler, *Stages of Faith* (San Francisco: HarperOne, 1981). 《신앙의 발달단계》(한국장로교출판사).
6   Peter Rollins, *The Fidelity of Betrayal* (Brewster, MA: Paraclete Press, 2008), p. 113.
7   May, *The Dark Night of the Soul*, p. 61.
8   Denys Turner, *The Darkness of God* (Cambridge: Cambridge University Press, 1995), pp. 243-244.
9   May, *The Dark Night of the Soul*, p. 94.

어둠을 만나러 가다

1   Clark Strand, "Turn Out the Lights," *Tricycle: The Buddhist Review 19*, no. 3 (Spring 2010): p. 42.
2   *The Merck Manual of Medical Information*, Home Edition, ed. Robert Berkow (Whitehouse Station, NJ: Merck Research Laboratories, 1997), p. 1248.
3   Dewdney, *Acquainted with the Night*, p. 294.

지하의 성모 마리아

1   *The Book of Common Prayer*, p. 880.
2   Bernard McGinn, *The Mystical Thought of Meister Eckhart* (New York: Crossroad, 2001), p. 114.

나가는 말

1   페마 초드론을 이미 아는 사람이라면 어느 책부터 시작해도 상관없다. 그녀는 이런 언어를 《지금 여기에서 달아나지 않는 연습*The Places That Scare You*》에서 일부 사용하고, 《잠시, 멈춤*Taking the Leap*》에서 조금 더 사용하고 있다.

참고문헌

Ackerman, Diane. *A Natural History of the Senses*. New York: Random House, 1990.

Agee, James, and Walker Evans. *Let Us Now Praise Famous Men: Three Tenant Families*. Boston: Houghton Mifflin, 1988.

Armstrong, Karen. *The Great Transformation: The Beginning of Our Religious Traditions*. New York: Anchor, 2007.

Attlee, James. *Nocturne: A Journey in Search of Moonlight*. Chicago: University of Chicago Press, 2011.

Bogard, Paul, ed. *The End of Night: Searching for Natural Darkness in an Age of Artificial Light*. New York: Little, Brown and Company, 2013. 《잃어버린 밤을 찾아서》 (뿌리와이파리).

──────. *Let There Be Night: Testimony on Behalf of the Dark*. Reno: University of Nevada Press, 2008.

Brox, Jane. *Brilliant: The Evolution of Artificial Light*. New York: Houghton Mifflin Harcourt, 2010. 《인간이 만든 빛의 세계사》 (을유문화사).

Brunner, Bernd. *Moon: A Brief History*. New Haven, CT: Yale University Press, 2010.

Caldwell, Mark. *New York Night: The Mystique and Its History*. New York: Scribner, 2005.

Chödrön, Pema. *Taking the Leap*. Boston: Shambhala, 2012. 《잠시, 멈춤》 (담앤북스).

──────. *The Places That Scare You*. Boston: Shambhala, 2005. 《지금 여기에서 달아나지 않는 연습》 (한문화).

The Cloud of Unknowing with the Book of Privy Counsel. Translated by Carmen Acevedo Butcher. Boston: Shambhala, 2009.

Cox, Harvey. *The Future of Faith*. San Francisco: HarperOne, 2009. 《종교의 미래》 (문예출판사).

Dewdney, Christopher. *Acquainted with the Night: Excursions Through the World after Dark*. Toronto: HarperPerennialCanada, 2004. 《밤으로의 여행》 (예원미디어).

Dillard, Annie. *Pilgrim at Tinker Creek*. New York: Harper's Magazine Press, 1974. 《자연의 지혜》 (민음사).

Ekirch, A. Roger. *At Day's Close: Night in Times Past*. New York: W. W. Norton, 2005.

Fowler, James. *Stages of Faith: The Psychology of Human Development and the Quest for Meaning*. New York: HarperCollins, 1981. 《신앙의 발달단계》 (한국장로교출판사).

Greenspan, Miriam. *Healing Through the Dark Emotions*. Boston: Shambhala, 2004. 《감

정공부〉(뜰).

Griffin, Emilie, ed. *The Cloud of Unknowing*. San Francisco: Harper-SanFrancisco, 1981.

Hurd, Barbara. *Entering the Stone: On Caves and Feeling Through the Dark*. New York: Houghton Mifflin, 2003.

John of the Cross. *Dark Night of the Soul*. Translated and edited by E. Allison Peers. New York: Image Books/Doubleday, 2005 (1959).

Kariatlis, Philip. "Dazzling Darkness: The Mystic or Theophanic Theology of Saint Gregory of Nyssa". Phronema 27, no. 2 (2012): pp. 99–123.

Klinkenborg, Verlyn. "Our Vanishing Night". National Geographic (November 2008): pp. 102–123.

Lusseyran, Jacques. *Against the Pollution of the I: Selected Writings of Jacques Lusseyran*. Sandpoint, ID: Morning Light Press, 2006.

———. *And There Was Light: Autobiography of Jacques Lusseyran, Blind Hero of the French Resistance*. Translated by Elizabeth R. Cameron. Sandpoint, ID: Morning Light Press, 2006.

May, Gerald G. *The Dark Night of the Soul: A Psychiatrist Explores the Connection Between Darkness and Spiritual Growth*. New York: HarperOne, 2005. 《영혼의 어두운 밤》(아침영성지도연구원).

McGinn, Bernard. *The Mystical Thought of Meister Eckhart: The Man from Whom God Hid Nothing*. New York: Crossroad, 2001.

Melbin, Murray. *Night as Frontier: Colonizing the World after Dark*. New York: Free Press, 1987.

Moore, Thomas. *Dark Nights of the Soul*. New York: Gotham, 2004.

Raymo, Chet. *The Soul of the Night: An Astronomical Pilgrimage*. Cambridge, MA: Cowley Publications, 1992.

Rollins, Peter. *The Fidelity of Betrayal: Towards a Church Beyond Belief*. Brewster, MA: Paraclete Press, 2008.

Saint-Exupéry, Antoine de. *Night Flight*. New York: Harcourt, 1932.

Schrock, Daniel P. *The Dark Night: A Gift of God*. Scottdale, PA: Herald Press, 2009.

Simpson, Philip. *Learning to Fall: The Blessings of an Imperfect Life*. New York: Bantam, 2002.

Stevenson, Robert Louis. *Travels with a Donkey*. New York: Atlas, 2008.

Strand, Clark. "Turn Out the Lights". Tricycle: The Buddhist Review 19, no. 3 (Spring 2010): pp. 40–49.

Styron, William. *Darkness Visible: A Memoir of Madness*. New York: Random House, 1990.

Thoreau, Henry David. Night and Moonlight. New York: Hubert Rutherford Brown, 1921.

Tickle, Phyllis. *The Great Awakening: How Christianity Is Changing and Why*. Grand Rapids, MI: Baker Books, 2008.

Turner, Denys. *The Darkness of God: Negativity in Christian Mysticism.* Cambridge: Cambridge University Press, 1995.

Wilber, Ken. *One Taste: Daily Reflections on Integral Spirituality.* Boston: Shambhala, 2000. 《켄 윌버의 일기》(학지사).

Wiman, Christian. *My Bright Abyss.* New York: Farrar, Straus and Giroux, 2013.

102쪽에 실린 웬델 베리의 시는 출판사의 허락을 받아 인용했다. "To Know the Dark," *Selected Poems of Wendell Berry* (Counterpoint Press) copyright©1998 Wendell Berry.

146쪽에 실린 데이비드 웨거너의 시는 출판사의 허락을 받아 인용했다. "Lost," *Traveling Light: Collected and New Poems.* University of Illinois Press. copyright 1999 by David Wagoner.

197쪽에 실린 토머스 머튼의 기도문은 다음 책에서 인용했다. *Thoughts in Solitude,* Farrar, Straus and Giroux. copyright 1956, 1958 by the Abbey of Our Lady of Gethsemani.